礼物的回归

全球观念下的欧洲史

THE RETURN OF THE GIFT

European History of a Global Idea

[美]哈里·李伯森 著　赖国栋 译

商务印书馆
SINCE 1897　The Commercial Press

中 文 版 序

对中美两国学者而言，目前是个历史性的时刻。每年，大量中国留学生和访问学者来到美国，丰富了各大学的校园文化。同时越来越多的美国人访问中国，参与思想交流的盛宴。尤其令人振奋的是，我们看到太平洋两岸的访问者不仅囊括科技领域的专家，还涵盖了大量人文与社会科学领域的学者。双方开始反思。我相信，这种反思将丰富各自文化，引导中美同仁扩大文化视域。

我希望中文版的《礼物的回归》能提供对西方，尤其是美国社会一些不太明显结构的个人见解，进而以适度的方式参与到这场大对话中。回顾过去，将有助于读者理解西方社会结构的性质以及美国与外来者在早期接触期间这些结构所处的地位。众所周知，礼物交换在东亚，尤其在中国社会和文化中起着重要的作用。西方尤其是美国社会也存在礼物赠与经济，只是不太明显而已。我希望本书读者能更清晰地认识到，礼物交换在西方社会由来已久，且在美国仍然具有持久的重要性。

中西方旅行者的互访使一些思想家切身感受到彼此文化的特性，满足了各自的好奇心。当然，这种长期交流访问在几个世纪前就已经有了，有时还卓显成效。实际上，这些交流在中世纪以来的西方历史中产生了重要甚至是革命性的影响。哥伦布很可能是在读了马可·波罗对中国的描述后，才激发他的雄心壮志，试图找一条通往富庶东方的较短航线。生活在中国的法国耶稣会士留下了不少记录，他们的记录融入了启蒙运动时期的文化，证明了非基督教国家的风雅。至于18世纪西方仰慕中国文明，耶稣会士则起了重要作用。离我们较近的是另一个方向的一场运动，史景迁在《天安门：知识分子与中国革命》

(1981 年)中对此有所描述,那就是 20 世纪早期中国留学生和学者出走西方(包括日本,这是接触西方思想的一条途径),他们对后来中国知识分子的思想产生了重要的影响。

然而,他们在异国他乡实际上学到了什么呢? 他们即使在异域学习、生活若干年后,又在多大程度上遵循了对方的独特逻辑? 旅行史告诉我们,自欺欺人危险重重,同时进入另一种文化也是障碍重重。人们对异域文化的刻板印象是如此之多、如此根深蒂固,他们很可能会形成一种有局限而又扭曲的看法。不管观察者如何用心,都可能无法洞悉异域文化最基本的一些价值。

礼物的历史揭示了一些价值,从表面上看,英美和其他西方社会可能不存在这些价值。我们很容易认同一种西方现代化理论,即传统欧洲社会的群体秩序(corporate order)逐渐解体,取而代之的是一种由自私自利的个体组成的原子化社会。1651 年托马斯·霍布斯的《利维坦》出版后,欧洲现代社会便逐渐出现了极端个人主义的形象,在此过程中,欧洲思想家也是助推者。在霍布斯之后,一些欧洲思想家达成一致,相信一种广为传颂而又具误导性的看法,认为欧洲社会的实际情况是以社群为代价换取自由。不管是自由主义者、社会主义者还是保守主义者,17 世纪以来的主流思想家都普遍认为这是历史发展的大趋势,不管人们对此抱以信心抑或是为之扼腕。

然而,这是观察欧洲社会的维度之一。的确,定位于这种个人主义,可以让人们关注到几个世纪以来所发生的惊人变化。问题是,它忽略了欧洲一些社团主体的不朽力量——这种力量在近代早期、社团主体发生转变时以及 18 世纪晚期以来创立新式共同体过程中,都发挥了重要作用。这里所说的社团主体,主要包括行会、城镇、行业、社会等级、教会及其他。

还是以恩格斯为例。年轻的恩格斯因为要管理他的家族企业而前往曼彻斯特。他将曼彻斯特看成"落后"社会的产物,处于 19 世纪

30 年代与 40 年代早期前工业德国时期,经济上死气沉沉,政治上家长制作风。恩格斯处在当时最"高级"的社会,即工业化的英国。令他惊讶的是英国社会的原子化,这一点在《英国工人阶级状况》(1844 年)中得到了表达。他在开篇就怀旧地想起前工业化时期欧洲的传统社会,并将它们与现代社会中孤立的个体加以比较,结果发现现代社会全民皆贫困,工人阶级是物质贫困,中产阶级终日追逐财产,导致内心贫困。恩格斯认为,最简单的现代社会的表面就是个体的孤立。他警告德国读者要及时改革,以避免出现这种状况。恩格斯的著作有力地批判了自由化、工业化的英国,至今仍然是现代社会科学中的经典作品。不过,恩格斯在描述英国社会时,有些误导性、局限性的看法。恩格斯注意到了保守的家长制作风和官僚意识的力量,却不欣赏它们,实际上它们和基督教社会主义以及传播更广的中产阶级社会的家长制作风等运动一起,促进了 19 世纪的社会改革运动,同时为 20 世纪的福利国家提供了动力。恩格斯有敏锐的社会学视野,但他低估了个体竞争和阶级冲突之外的社会力量。

旅行者通常也用类似的肤浅分析来看美国。19 世纪英国、法国和德国的访问者认为,美国社会支持个体对幸福的追求,完全抛弃了忠诚的纽带关系。然而,一些敏锐的观察者追问:是什么吸引力让美国人能够团结在活力四射而又稳定的社会里?

托克维尔便是这样一位细致入微的观察者。19 世纪 30 年代,他从法国动身前往美国,起先认为美国是个贪婪的个人主义社会。不管怎样,他告诉受过教育的法国读者,美国社会是个嘈杂的商业社会。1835 年,他出版了《论美国的民主》。该书的中心思想令人争议,目的是要证明事实并非如此,即实际的美国社会井然有序。尽管存在个人主义,但它要通过协作机构运作。在托克维尔看来,这些机构中最主要的是民间社团,它激活了政治程序和城镇生活,同时新教确立了一些共同习惯,起着内在规范与约束的作用。托克维尔透过美国人追求社会幸福的表面,揭示其内在的社会机制,这时他开始与欧洲上层阶级分道扬镳,不再认为美国这样的社会注定要陷入混乱。从社会理论的角度看,可以说托克维尔已经取代了霍布斯创立的现代社会模型,即只有国家政权才能遏制"所有人反对所有人的战争"。他反驳说,比英国社会更"现代"的美国,必须在个人利益原则上独立运作。

20世纪初,马克斯·韦伯造访美国,得出了同样的结论,有悖于德国读者的期望。韦伯同样强调宗教和民间社团的作用,认为它们创造了一些社交形式,传播了美国社会的个人主义。他的名著《新教伦理与资本主义精神》(1904—1905年)也许就可以看作在反思美国及其民间合作能力。韦伯在撰写该作品第一部分和第二部分期间访问美国,像托克维尔一样,他认为自己是旅行者,能洞悉潜藏在公共行为背后的心理动机。返回德国后,他决心反对德国精英的一些偏见,就像托克维尔试图改变法国人的看法一样。韦伯比他的法国前辈更为用功,深入到所谓新教的宗教心态中,揭示出历史上特定的、旨在自律的宗教形式。韦伯和托克维尔一样,明确表明不存在根据利己主义原则组建而成的纯功利社会;它与社会现实混淆时,便成为了一幅美国社会的讽刺画。

在考察礼物理论时,我们看到了众多经典社会思想家创立的深刻思想,且一则比一则精辟。托克维尔、韦伯及其同时代的人没有注意到礼物交换。顺便说一下,他们忽视礼物交换实际上也是本书的起点之一。他们带着急躁的心情肤浅地看待美国社会,使我们意识到有必要找出深层的社会联系。历史哲学将社群和社会或传统和现代相对照,认为现代史过程中存在从集体到个体认同上的转变,经典社会思想家与此针锋相对,追问协作形式(有时是由来已久的,有时是新创的)如何能在现代社会**内部**得到发展,正如他们强调宗教所揭示的那样,传统价值通常可能持续、经历变化、塑造一些持续到今天的文化模式。

我们追寻先贤的足迹,转向礼物理论。超越社群—社会的二分,也将促进我们理解现代社会,找到现代社会用以结合个人经济行为和协作网络的更复杂的方法。

1925 年,法国社会学家马塞尔·莫斯在一篇著名的论述中阐释了礼物理论。莫斯的礼物概念不仅指物品交换,而且指引起互惠姿态的各类行为。这个词的专门含义不同于一般的法语或英语用法,因此与欧美人对话时可能会产生混淆。我想起了前些年待在柏林时结识的一对俄罗斯夫妇。他们邀请我和我妻子去他们家喝咖啡,同时询问了我近来研究的主题。我说是"礼物赠与",他妻子则应声说:"如今,礼物并不重要——我们俄罗斯人都不怎么交换礼物了。"从日常意义上的送花、送酒或给孩子送礼物来说,礼物可能并不重要,不过正是她邀请我们去她家这种行为证明了莫斯对"礼物"的广义界定。这种初次邀请所唤起的正是他们心中所想的互惠——回请,这是一系列举动的开始。这些举动将个人编织到更大的社会单位中,而在这里说的便是友谊。

表面上看,送礼是单方面的自愿行为,实际上送礼物是要求还礼的,这样礼物就建立起共同的纽带。与市场交换不同,礼物不易计量,回礼的时限也没有明确的规定。礼物的这些特征增加了其心理上的吸引力。市场交换满足物质需要,并能积累财富;礼物交换则满足个人的荣誉感,同时提高个人的社会地位。礼物肯定了某人在社会中的地位,因为它自然地展现了赠与者的内在心理倾向。这并非说礼物交换是真正无私或自然的。相反,礼物通常助长了赠与者的雄心或收礼人对礼物的需求。这里要说明的是,礼物首先在社会而非经济领域中运作。

最好将礼物赠与、市场交换看作抽象模型或"理想模型"(马克斯·韦伯语)。正如没有纯功利的、以市场为导向的社会,我们也难以找到一个社会,说它是纯粹基于礼物交换且尚未"发展"到占有商品的阶段。例如,欧洲人在18世纪首次接触了塔希提人(这段接触历史得到了详细记录,非同寻常),发现他们以易货贸易的形式熟练掌握了市场交换。我们可以在人类学的奠基著作,即马林诺夫斯基的《西太平洋上的航海者》中看到"金姆瓦利"(gimwali,即易货贸易)和"库拉"(即礼物交换)并存。考察某个特定的社会,卓有成效的假设问题不是说人们能否找到礼物交换或市场交换,而是说两者如何存在于同一时空中,并将社会团结成一个整体。马林诺夫斯基笔下的特罗布里恩岛民进行"金姆瓦利",但是较之高尚的库拉交易,"金姆瓦利"只是平民的一种普通活动。这只是人类学家对市场和礼物交换进行实地考察后得出的看法。每一个土著社会都有其历史,能在商品和礼物之间找到平衡。不管在东亚、欧洲还是世界其他地方,斤斤计较市场交换中商品的价值和慷慨地赠与礼物依旧交织在一起,过去和现在的文化社会、商品社会以及工业社会都是如此。

人们仍然会问这种概括是否同样适用于美国,因为美国是一个建立在追寻幸福的启蒙运动原则之上的移民社会。较之送礼者自发与暂时的慷慨大方,美国社会难道不是在每个场合都坚持即时支付和明确规定回报的原则吗?读者从马林诺夫斯基的研究转向美国时可能会发现,美国人在对待市场交换时很少赞同特罗布里恩岛民的库拉参与者的贵族式轻视。的确,要承认美国社会中也有许多场合亲朋好友经常会交换礼物,例如结婚时付礼金或买一些饮品。可是,这些实例只能说明美国的礼物赠与仅限于私人场合,与美国经济和公共生活中无情的市场逻辑不同。有一种观点认为,美国社会中,私人之间非常慷慨,公共领域则是利己主义占上风,这种观念是现代化理论的一部分,认为公共领域的礼物赠与属于过去或更传统的社会。美国于是被纳入下述社会范畴:真正"现代的"、无历史根基的社会,是以打破了互负义务的纽带而令人称美,或者因没有限制个人私利而受人诟病,但是不管怎样，又不同于注重礼仪的中国或日本、法国或德国。然而，面对惊人的反面证据，仍重新将社会分成礼物赠与社会和以市场为导向的社会，实在是一种错误的看法。无需多久，人们就能认识到大部分美国经济与其特定的礼物交换习俗并存。

一个很好的例子便是现代美国大学的经济。美国大学在相当大程度上依赖于"馈赠"（gifting），而"馈赠"则是一个近来出现的、反映时代精神的动词。19世纪晚期美国全面开始工业化之后，美国一些富裕的中产阶级慷慨解囊，给大学捐赠。在历时一个世纪的捐赠过程中，受益的不仅是哈佛、耶鲁等顶尖的精英机构，一大批公立高等教育机构也在受益的名单中。为什么美国人愿意与这些学校分享财产呢？当然有多方面的原因，例如税收方面的优惠。不过其中礼物赠与的因素要高于税收优惠方面的因素，因为除了给大学提供财政赞助之外，慈善捐赠还可以采取多种其他形式，只要是慈善捐赠，就能享受税收优惠。理解美国公共领域中慷慨捐赠的第一步是观察过去一个世纪中人们考量社会地位的明显因素。一个向下与向上流动迅速的社会，恰恰是要寻找一些得到公众认可的社会价值的符号。高校毕业生将院校变成财富之地，从而提升了毕业证书的象征价值。以哈佛为例，一些商业精英——他们部分靠与中国开展贸易而发家——以波士顿为中心，一掷千金，捐献早期积累的财富，成就了后来这所在20世纪闻名的研究型大学。今天，对美国高等教育机构的捐赠仍然是一种社会地位上的投资。一些捐赠者捐钱，为的是维护自身学位的含金量。从数量大的说，富裕的捐赠者资助大学的建筑、系列讲座或讲座教授席位。高等院校不会用物质财富回报捐赠者，如果真有物质回报的话，也只是给小额捐赠者一个杯子或一件T恤衫以示感谢，或为大额捐赠者举办一场答谢宴，然而意义深远的是它授予了捐赠者社会威望。

大学只是美国慈善捐赠这个大千世界中的一部分。美国人争相骄傲地在公众领域赠与礼物，可以与 19 世纪夸扣特尔印第安人奢侈的礼物赠与（读者可以从本书获得更多类似信息）相提并论。20 世纪早期，洛克菲勒和古根海姆等财阀建立了他们的基金会，正如我们这个时代比尔·盖茨所做的那样。从小的规模上看，学校、教会和俱乐部也鼓励其成员捐赠。这种捐赠行为很普遍，成为美国经济活动中的重要部分。赠与并没有就此止步：任何组织中，赞助人即强有力的领导者与委托人或属下通过一系列礼物交换、往来贸易形成亲密关系。赞助人和他们的关系像一幅界定实际权力关系的隐形地图，可能与公司的正式等级截然不同。精明的门客知道，为了讨好赞助人，应该少说多做，未雨绸缪，慷慨奉献，这样才能脱颖而出。参与礼物网络的习惯是美国政治、文化、经济和社会中的既成部分。它们将继续发挥作用，因为它们深植于日常生活的习惯中，同时让我们获得社会地位、公众认可、属下的敬意和盟友等真正的社会好处。总之应该注意到，我们在对礼物的社会解释上，没有详尽无遗地探讨其动机或意义。美国及其他地方的赠与通常有利他的维度。礼物可促使人们形成一种普遍意识，即"回馈"社会的意识，但人们永远无法一次性就能回报完，或通过人们以身作则，带头慷慨解囊（尽管赠与的数量不多）来帮助建设一个更美好的社会。这些利他的动机有其缘起，需要分别深入研究美国的宗教史和政治史。

我基于这样一种信念写作《礼物的回归》，即礼物赠与是一种不断进行的交换形式，继续在美国和其他现代工业社会中蓬勃发展。杨美惠的《礼物、关系学与国家：中国人际关系与主体性建构》（江苏人民出版社，2009 年）与本书相近，充分展示了礼物赠与在中国的情况，其广度和深度不亚于莫斯的著作。最后，希望中国读者不要将杨美惠描绘的礼物交换网络与西方的市场交换两相比较，而应该将它看作一个更大历史主题的地方变种。这个历史主题便是人类通过礼物认知彼此的品性。本书描述了西方话语中有关礼物的论述，我希望这些论述将促使中美学者对这种普通（也许是普世）制度在各个社会表现出的不同形式加以比较。它们彼此虽然不同，但我们鼓励相互对话，一起来丰富这种制度。

哈里·李伯森

2012 年 5 月

于伊利诺伊大学厄本那-香槟分校

目　录

致　谢

2006 年至 2007 年,我在柏林高等研究院访学,本书的初稿正是在这段时间完成的。我要感谢秋季学期的导师迪特尔·格里姆(Dieter Grimm)与春季学期的导师卢卡·朱利亚尼(Luca Giuliani),感谢他们的盛情。2008 年 6 月,我待在马克斯·普朗克研究院科学史系,继续展开本项研究和写作。这里要感谢第二分部(Section II)的导师洛琳·达斯顿(Lorraine Daston),感谢她在此时邀请我加入学院。伊利诺伊大学历史系主任安东妮德·伯顿(Antoinette Burton)批准我在 2009 年秋季休学术假,使我有时间完成本书。

一些学者在不同场合就我对礼物交换的看法提供了宝贵的意见。这些场合包括美国历史协会 2006 年费城年会、柏林高等研究院、康斯坦斯大学召开的近现代史研讨会(Forschungskolloquium Neuere und Neueste Geschichte)、柏林自由大学的比较欧洲史研讨班、柏林自由大学的宗教科学史研究院(Institut für Religionswissenschaft)、蒙特利尔大学的加拿大德国和欧洲研究中心、哈佛大学拉德克利夫(Radcliffe)学院为庆祝娜塔莉·戴维斯(Natalie Z. Davis)八十华诞而举办的历史上的礼物专题研讨会以及法国史研究学会 2009 年圣路易斯年会。

诸多朋友和同事加深了我对礼物交换及其环境——从波利尼西亚到巴黎——的理解。我尤其感谢杰弗里·鲍曼(Jeffrey Bowman)、马里奥·比尔曼(Mario Bührmann)、艾丽斯·康克林(Alice Conklin)、娜塔莉·戴维斯、彼得·弗里切(Peter Fritzsche)、约翰·盖斯科因(John Gascoigne)、托马斯·海德(Thomas Head)、于尔根·奥斯特哈默尔(Jürgen Osterhammel)和范妮莎·史密斯

(Vanessa Smith)等人,他们与我交流,我从他们的著述和评论中受益良多。此外,我要感谢范妮莎·阿格纽(Vanessa Agnew)、菲利普·德斯博里克(Philippe Despoix)、卡塔琳娜·克里赞基克(Catarina Krizancic)和马克·米卡尔(Mark Micale),他们对拙著的个别章节加以评论。两位匿名评审人就书稿提供了详细而富有建设性的意见,极大地促进了拙著的修改。

本研究的完成,得到了诸多机构的档案管理员和图书馆员的帮助。伊利诺伊大学图书馆的玛丽·斯图亚特(Mary Stuart)负责管理大学的历史藏品;柏林民族博物馆(Berlin Ethnological Museum)的管理员安雅·索梅尔(Anja Sommer),引领我浏览了博物馆的档案,我尤其要感谢她们。当代出版记忆档案馆(IMEC)的工作人员尽其所能,方便我富有成效地利用马塞尔·莫斯的大量档案。莱比锡大学图书馆特藏部以及罗切斯特大学图书馆珍本与特藏部的档案管理员和图书馆员允许我使用一些原始资料文件,我对他们也心存感激。

在我研究和写作时,家人多萝茜(Dorothee)、本(Ben)和杰克(Jack)抱着极大的热情与我讨论。在最后的关键时刻,多萝茜帮我找到了合适的题目,同时将本书连贯成统一的整体。

埃里克·克拉汗(Eric Crahan)是剑桥大学出版社的一位理想的编辑,在每个阶段都表现出审慎、有益的职业素养。有幸能和他及其同事一起工作。

罗切斯特大学图书馆珍本与特藏部允许我引用那里所藏的一封伊利·帕克(Ely S. Parker)致路易斯·摩尔根的信函。罗贝尔·莫斯(Robert Mauss)和当代出版记忆档案馆允许我引用马塞尔·莫斯的个人文稿。我在这里也向他们表示衷心的感谢。

导　言

　　本书着重探讨政治的文明性，即探讨能认可对手的人性的习惯与习俗，尽管它们与对手之间可能存在残酷的竞争。这一主题在我专攻的欧洲思想史里，没法纳入现行的任何一个研究领域。我试图把现在的研究主题与过去的研究衔接起来。在这一过程中，我逐渐迷上了马塞尔·莫斯的名著《论礼物：古代社会中交换的形式与理由》。礼物交换一度从现代欧洲话语中消失，后来又回到了现代欧洲话语。莫斯的文章为我提供了切入点，让我深入研究更详细的礼物交换史。[1]

　　在莫斯生活的年代，四年全面战争（total war）摧毁了一些基本文明。莫斯着眼于他所处时代的冲突，转而研究"古代"或土著社会的行为。他发现前现代社会的社会组织原则与现代的极为不同。他论述的中心地区是大洋洲和太平洋西北岸，赠礼在这些地区是一种相互的义务。他给礼物下了一个著名的定义，声称礼物通常是互惠的，这与现代的观点——礼物只需送出而不期回报——恰恰相反。按照莫斯的分析，个人和群体处于一个模式中，人们不断地送礼、收礼和回礼。这一过程涉及社会的方方面面，而社会则形成责任共享的网络。他勾勒了这种基本的礼物赠与模式，用以描述太平洋周围土著社区的情况，但又没有止步于此。相反，他进一步指出，在印欧社会，礼物赠与也有一段很长的历史。古印度、古典时期和中世纪的证据显示，一些社会普遍存在礼物互赠的习惯，而且是强制性的。尽管在许多地方礼物互赠是普遍的行为，但并非总是友好的。相反，为了债务、地位丧失或因失败而遭受奴役，整个社会都可能会争相赠与礼物。礼物赠与也不一定意味着平等，因为臣民通常向其主子纳贡，以示主从关系。莫斯还强调礼物赠与的作用如何随着时间的推移而变化，特别是在经济领域。在经济领域内，商业社会之前的礼物赠与行为使得它们和现代社会的契约型逻辑分离开来。

在莫斯看来，欧洲当代社会的礼物与别国古时的礼物有差异，但又密切相关。尽管欧洲当代社会与传统社会存在巨大差别，不过就他所处的时代而言，传统社会的礼物赠与有着重要的借鉴作用。莫斯认为，20世纪20年代的欧洲文明身陷危机。在这期间，政治上左派右派相互攻击，分歧巨大，同时战争又使各国民穷财尽。他从岛屿和远古民族发现，礼物赠与体现了智慧，现代社会也可以拥有这种智慧，且创造自己的智慧。

莫斯的著作虽然写于一战后，为20世纪及其后的礼物提供了最初的定义，但是这种话语的历史已经超出了他所设定的边界。拙作并非只论述莫斯，它还探究欧洲人从17世纪以来看待礼物交换的方式。我们叙述的思想起点是莫斯，但并不局限于他的定义。有一种称为"科学发现"的逻辑，以莫斯的成就为顶峰和终点。在重构礼物史的过程中，我没有发现这一逻辑的痕迹，于是将他的著作重新放到更广阔的话语中，时间范围包括他所处时代的前后。作为这种话语的一部分，"发现"一词本身就意味着历史的反讽。如同在美洲或太平洋探险的欧洲人，莫斯本人并没有"发现"礼物。正如他自己所强调的，他只是恢复另一个时空中人们本已知晓的事情。

荷马和希罗多德以来的西方文学中，出现了大量有关送礼和收礼艺术的道德训诫，其他文明中也不乏此例。送礼行为遍布世界各地。有关这一点，欧洲游记中也有大量的文字记录。可是，在莫斯之前，鲜有对礼物交换的系统反思。从拿破仑时代后期到一战后期，对礼物的研究几乎从欧洲思想家的论述中消失了；通读 19 世纪社会学理论，也找不到对礼物展开系统或详尽的论述。穆勒、托克维尔、马克思、韦伯以及莫斯的导师涂尔干，都对此不感兴趣。爱默生和西美尔等思想家注意到了礼物，不过他们没有展开长久的重估以影响其同时代的人。[2]为什么它脱离了人类的集体意识和实践，且长达一百年之久？确切地说，如本书所示，礼物交换并未彻底遭到遗忘，因为还有许多边缘的、非理论的学者通过各自的方式探索这一问题。然而研究空白仍然存在：许多现代社会思想的奠基者对一项创造人类团结的基本礼仪几近缄默。

人们转向随后出版的一系列著述时，社会理论中出现的百年空缺甚至更引人注目。在 20 世纪二三十年代，莫斯是一位传奇式的教师、学者。持续有一大批最著名的法国学者将莫斯的见解融入自己的论述。英国人类学家也将莫斯视为朋友，同时对他的论述赞赏有加。1945 年之后的几十年里，美国人类学家将《论礼物》视为经典加以运用、挑战。世界许多国家的古典学者、中世纪研究者、近代早期研究者、性别分析者、其他领域的历史学家及文学研究者，都创造性地运用了莫斯那本富有启发性的著作。[3]近年来又出现了一次论述礼物的思潮。尽管人们反复试图将礼物融入结构主义或马克思主义等其他理论，但是莫斯近来凭其本身的条件被重估为伟大的思想家，他的论述只能以它自身的术语才能得到最佳理解。礼物在传统社会的经济作用，得到了人们的广泛认可。除此之外，人们也逐渐认识到了礼物在当代西方和非西方社会的重大作用。[4]其他一些人则将莫斯的礼物理论创造性地扩展到了性别、美学和宗教领域。[5]莫斯开启的这项讨论将礼物回归到了大多数时空中的初始状态：爱情、荣誉或权力等经久不衰的话题也可在礼物中得到体现。

礼物的历史性回归，即回到欧洲思想家的论述中，引发了更进一步的历史问题，关系到如此重要的社会制度如何可能被遗忘，且长达一个世纪之久，然后又在人类社会中广泛存在，实际上是无处不在。答案可能还得从近来的学术研究开始，它为莫斯论述的历史定位提供了一些最重要的语境。马塞尔·富尼耶（Marcel Fournier）的莫斯传为《论礼物》提供了一些重要的政治语境和个人语境：莫斯站在民主社会主义者的立场写作，在一战后直面法国和欧洲社会主义的深刻危机，他的部分作品就是对这一语境的回应。热拉尔·贝索德（Gérald Berthoud）在对莫斯的先驱之一菲利克斯·佐姆洛（Felix Somlò）的著名论述等其他一些研究中，诠释了人们可以如何应用莫斯的研究，将莫斯的论述置于经济人类学的自由理论和共产主义理论中，从而结出累累硕果。另一些人又指出，德国的中世纪研究并没有忽视礼物，反而为莫斯的研究提供了一些资源。[6]我们应回到这些政治和学术语境，以便更好地掌握莫斯的意图，同时更清晰地把握其论述的原创性。如果我们超越它的地方语境，从欧洲传统和海外碰撞的汇合角度加以研究，那么这种丰富而复杂的观念还有更大的研究空间。[7]

在19世纪的欧洲社会，通过物质交换和象征交换所产生的相互责任仍然是一项评价身份地位以及财富或权力的蓬勃事业。然而，这种以身份地位为取向的做法直接与现代贸易和政府习惯产生冲突：占有性个人主义（possessive individualism）注重个人利益的最大化，同时保护私有财产权和官僚权力。这里所说的官僚权力，一般是通过工作业绩而获得，且通过公正运用规则而加以实施。礼物赠与作为一种互惠行为从未消失，它将不相干的合作者联结到互负责任的网络中。礼物赠与在经济和政府中的地位降低了，使它看起来与现代社会的工作无关，甚至在当代人考虑西欧以外的遥远地方时也难以把握。至于这些遥远的地方，礼物交换仍然在其中继续组织经济、政治和社会。[8] 19 世纪欧洲人试图与欧洲之外的社会接触时，礼物仍然是一种不可避免的交流方式。不考虑礼物经济，他们就无法进行统治与贸易，也无法建立任何一种社会关系。无论如何，通观 19 世纪，欧洲人可忽视他们自身内部广泛存在的礼物交换网络，不过他们必须正视欧洲外部的礼物交换网络。

　　欧洲之外的这些体验揭示了礼物的破坏作用。尼古拉斯·托马斯在《交错之物》（Nicholas Thomas, *Entangled Objects*）中指出，殖民地的礼物交换弥漫着权力关系。从这个关键视角看，礼物是一门与权威和自我断言不可分割的语言，部分上是殖民者与殖民地为了政治、经济的控制而展开的更大斗争。[9] 人们在不同文化的礼物交换过程中可以清晰地看到，误解和暴力也变成了交换的一部分。19 世纪的案例为不同文化的这些个性化交换揭示了更为普遍的特征：礼物赠与是口头交流的替代物，充其量也不过是不稳定的一种。彼此间的文化愈陌生，礼物的重要性就愈大，因为他们难以运用口头语言，手势又无法传达其意图；然而，处于边际的礼物需要像赌博那样猜测，无论哪一方都可能猜错，它的意图难以估量，影响难以确定。礼物的不稳定性在任何社会都存在，且在政治动荡的时代里不稳定性会随之增加，不过在欧洲推行全球扩张的自信年代里，与异文化的碰撞更加充分地表露了礼物所带来的风险。[10]

　　那么，欧洲内外关于礼物的论述就涉及礼物回归的多重意义。首先，这里讨论的礼物是互惠的。西方社会通常将礼物看作人们自愿提供的，不期望能获得回报；莫斯以来的礼物理论得出了相反的认识，认为我们现代社会与其他时空一样，似乎慷慨无私的背后隐藏着更深的互惠期望。其次，从时间上看，礼物一度从欧洲思想中消失，后来又回归到欧洲思想中。作为近代早期欧洲人日常体验的一部分，从理论研究角度看，礼物主题在 19 世纪初销声匿迹，不过在 20 世纪又回归了，人们又逐渐开始对其进行观察研究。最后是地理上的回归，在他们自身社会中无法认清持续不断的礼物交换行为（整个 19 世纪也一直存在），欧洲的一些海外旅行家，特别是现代人类学的奠基者在殖民地重新发现了礼物交换的思想。他们将之从太平洋群岛和美洲西北岸带回到当代的一些地方，例如纽约、巴黎和伦敦。莫斯的论述综合了前者的民族志，开始了一场持续至今的礼物对话。

我们从 18 世纪晚期这个关键的时刻谈起。在 18 世纪，挑战传统欧洲的礼物赠与概念来自欧洲内部以及欧洲殖民地的工业和政治变革。在游历世界的过程中，欧洲人掌握礼物交换的做法是非常重要的，然而到特权时代末期，他们的掌握情况仍不得而知。英国在统治印度之初发生的一起著名冲突生动地表达了礼物的诸多危险。这次冲突反过来也让人们就礼物赠与的重要意义开始大加争论。这是理解欧洲理论家为何在 19 世纪再也不能领会礼物的起点。

第一章 礼物的危机：沃伦·黑斯廷斯及其批评者

史学家已经指出，18世纪末、19世纪初是文化上发生大规模转变的时代。除了这一时代发生明显的变化，即被称为法国革命和工业革命的政治和经济上的"二重革命"（埃里克·霍布斯鲍姆语）之外，这也是古代欧洲人习俗和对世界的设想遭到破坏且被新习俗和设想取代的时代。1789年，世界发生了翻天覆地的变化，然而即便在此之前，旧观念也已经有了一些预示新时代的意义。这里的新时代，指的是欧洲和世界其他地方的人的新时代。全球史学家近来认为，这个时刻不只是对欧洲人来说是分水岭，对世界上其他文明和民族来说也是如此。贝利（C. A. Bayly）结合内部危机及其对欧洲商人和武力压力的创新式回应，描绘出老牌帝国的衰落和新兴帝国在中国、印度以及其他地方的诞生。[1]欧洲与非欧洲文化在正面接触过程中出现了一些不确定性和戏剧性因素，而双方又是如何阐释这些接触的，刚好这些变化为其提供了背景。将这种争论付诸行动的方式之一便是借助我们现在广泛认为是互惠方式的礼物交换。

黑斯廷斯与受审的礼物

18世纪流行假发、长筒丝袜以及血统论。18世纪末的某一天，英国社会公开审理其在海内外的命运。时间是 1788 年 2 月 13 日；地点是威斯敏斯特大厅，达官贵人集结于上议院，前来参加一场审判；犯人（当时是这么称呼的）是沃伦·黑斯廷斯（Warren Hastings），孟加拉的前任总督；首席原告是埃德蒙·柏克（Edmund Burke），他后来因写《法国革命论》（*Reflections on the French Revolution*，1790）而闻名，不过他此时已经是著名的演说家、作家和下议院的议员。柏克胜券在握，因为下议院已于 1787 年检举黑斯廷斯在担任英属印度的最高官员期间犯下了重罪且品行不端。现在将案子移交上议院，柏克在此展开了为期四天的控诉。[2]

　　第一天约 11 点，女王和三位公主进入大厅，着装素雅，"头戴配有羽毛和五彩花朵的头饰，没有什么能如此引人注目"，跟在她们身后的是一群公爵、侯爵、伯爵、子爵、男爵、勋爵、主教以及政府高官，他们都穿着议会的会袍，最后是一些贵族。待勋爵坐定，黑斯廷斯进入大厅，脸色苍白，衣着朴素。他左边的旁听席坐着下议院的议员，他们中很少有人着礼服。他们有些人还穿着靴子，注视着同时代那些面无表情的人。宣读完罪状后，柏克就这个案子展开了长达两个半小时的控诉。柏克描述了印度的历史，称黑斯廷斯的统治有失脸面。因此，这次详细的阐述被一个当时在场的人称为 "一次以《圣经》的强势语气来控诉的**激烈审讯**"。控方和辩方的来回论争持续到了 1795 年。到这时，公共舆论已经开始反对柏克了，贵族也投票宣告黑斯廷斯无罪。[3]

　　议会审理的主要罪责之一便是送礼和收礼。黑斯廷斯因多项贪污和管理不当而受到谴责，可是礼物交换被认为构成非法弊政却是柏克和其他人谴责黑氏的重点。柏克在下议院数落了 22 条罪状，不过为了符合法律的有效性，他将之归纳为四条提交到上议院审理。他谴责黑斯廷斯巧取豪夺，暴力索债，以庇护者的身份授予合同，收受礼物，中饱私囊。收受礼物成为了这次审判的焦点，这是一件明显违法之事，置一般原则于危险之中。1764 年，东印度公司的主管就禁止其员工收受礼物。1773 年颁布的《调整法》（*The Regulating Act*）使这项禁令具有了议会法的效力。黑斯廷斯本人在下议院陈词，说他签署了一项接受公司禁止收受礼物的命令，声明若超过许可数额，没有经过公司的批准，不能"从任何一位印度王公大臣那里接收任何礼物、奖励、酬金、津贴或捐赠"，同时他还否认自己违反了这些规定。他当时承认交换有合法和非法之分这条**原则**。然而，哪些施与和接受行为属于礼物交换呢？哪些礼物交换扭曲了英印关系，而哪些又加强了两国的关系呢？与他统治时期的记录一样，在黑斯廷斯审讯中，对礼物的性质和意义的争论仍悬而未决。[4]

要准确地说出什么才算是礼物有些难，因为界定 18 世纪末英国人在印度送礼的规则和政治现实一直都在变。旨在控制孟加拉及其邻国的多边竞争一直没有停止。莫卧儿皇帝作为合法的政治权威，几十年来都无法控制地方贵族的野心及其彼此间的战争。内乱引起了外部势力的干预：印度的法国人和英国人从小型贸易站出发，开始利用内部冲突。罗伯特·克莱武（Robert Clive）是东印度公司里的军人，他在 1757 年 6 月 23 日普拉西之役（Battle of Plassey）中取得了决定性胜利，打败了孟加拉的行政长官（贵族统治者）瑟拉吉·乌德·达乌拉（Siraj ud‑Daulah），用可靠的盟友米尔·伽法（Mir Jafar）取而代之担任最高统治者。

正当公司竭力建立对孟加拉的行政统治时，克莱武及公司的其他员工掠夺了富庶的省份及其政府金库，据为己有。1760 年，克莱武回到英国时，就拖着沉甸甸的三十万英镑。他们留下了一副烂摊子。克莱武通过讨论印度人的送礼习俗而为自己的行为辩护，尽管他们的辩护建立在传统之上，不过他与其继任者一起将礼物交换变成了另一种名义的勒索。随后每换一次印度统治者或英国总督，都要送出大量奢侈的新礼物；英国人放高利贷，怂恿印度人开战，以

12

偿还债务，同时希望东印度公司能确保其利润。洗劫国库、发动战争、乱征税以及破坏商人现有挣钱模式的事情时有发生，它们使印度社会失控且走向贫困。[5]

13　　克莱武及公司其他中饱私囊的员工，被称为地方长官（nabob），他们让英国上下一片惊愕。他们被视为暴发户，获得了大量不义之财，且可能通过破坏英国国内的政治体系来获取利益。1767 年开始实施的一系列议会调查，旨在揭露公司员工的罪行，同时在印度建立对公众负有更大责任的新制度。个人利益和公共福利在公众心境以及议会决策中应该得到明确的区分，这样才能建立一个新的理性政府。可是，公司的员工在他们自己的权益和责任的问题上，存在不同的意见和看法。年轻人冒着巨大的风险远走异国他乡，他们觉得自己如果有能力，就有快速致富的权力。随着公司和议会限定他们的收益，他们仍然认为自己可以区分出正当收受的礼物和有损于他们政治判断的贿赂。[6]

　　黑斯廷斯在东印度公司的生涯与他在孟加拉的政治胜利部分重叠，同时又与英国公众对地方长官及其统治方式的强烈反感重叠。黑斯廷斯生于 1732 年，双亲过世后，由叔父霍华德（Howard Hastings）抚养，是叔父将他送往威斯敏斯特学校学习。叔父过世后，他的下一个监护人不再送他上学，而是安排他去加尔各答为东印度公司服务。黑斯廷斯以卑微的作家身份于 1750 年加入公司。在接下来的十年里，公司接管了孟加拉，他获得了更大的职权。他与他的庇护人，也就是当时的总督亨利·范西塔特（Henry Vansittart）试图与印度的精英合作，不过最后失败了。经历了这些挫折之后，他于 1765 年回到英国，四年后重返印度，于 1772 年成为孟加拉总督。[7]

　　黑斯廷斯在上任伊始便制定了一项严格措施：改革税收征管、14　镇压地方势力的头目，同时建立一个高度集权的政府。1775 年，黑斯廷斯在给公司上司的备忘录中写道：

> 孟加拉幅员辽阔，可能存在很多资源，这一点与欧洲大多数国家的情况相同。不过，它的困难程度要大于欧洲任何一个国家，因为孟加拉需要一个有既定形式，又有实权的政府。同时政府需要获得大权在握之人的实际支持，后者可以持续劳动和个体发挥来支持政府。对孟加拉政府的支持不是源于普通制度的重要力量，这种力量能使社会的每一部分都不知不觉地焕发生机。[8]

黑斯廷斯所想象的某种"普通制度"将构成一个集权的、高效的政府。雄心勃勃的领导的梦想也就只有这些。对黑斯廷斯（或其继任者）来说，要改变地方做法，且成功地创建一套合理的税收制度，实际上很难。他试图通过调整地税包收者、传统的地主以及分包收税权来增加税收。他的目的可以与启蒙运动时期法国、奥地利或普鲁士的专制君主相比（C. A. 贝利注意到，英国政府选择集权模式，似乎是在效仿大陆模式），不过英国霸权的新颖性和他要控制的社会的异域性使得他的任务尤为艰巨。到任期结束时，黑斯廷斯在增加政府税收上取得的进展很小，同时还因为在一些不成功的战争上花费过多而声名狼藉。不管成功与否，黑斯廷斯代表了当时大英帝国的一种重要管理模式，即高压专制。它运用理性的管理方式，有系统地从强制性劳工那里抽取财富。[9]

黑斯廷斯采取残暴的集权政策，但是他还有另一面，即相信统治的成功与熟悉印度文化密不可分。他在印度也表现得像启蒙运动时期的欧洲统治者，让学问服务于政治。他说乌尔都语，读波斯文，可以不借助翻译而自行开展外交活动。他收藏书画。他支持欧洲人理解印度法和穆斯林法。在他的支持下，孟加拉高等法院法官威

15

廉·琼斯（William Jones）开始研究梵文，发现梵文的结构与拉丁、希腊语结构相似，这对欧洲学术研究产生了不可估量的影响。他支持东印度公司的职员查尔斯·威尔金斯（Charles Wilkins）将《薄伽梵歌》（*The Bhagavad Gita*）翻译成英语。那种对异域文化彬彬有礼的好奇心在 18 世纪末一点也不稀奇，可是每个人，不管是统治者还是学者，都如此认真地去了解异域文化却实属罕见。黑斯廷斯这样做，是出于 18 世纪一种典型的信仰，即相信此类研究的实用性与人文价值。他把了解印度文化作为建立有效政府的途径，他确实也对印度文化感兴趣，同时促进了人们对印度文化的理解。[10]

黑斯廷斯在印度的行为包含了勃勃野心以及无尽的混乱。他想帮文雅却已落魄的家族重获财产，并买回家族的产业。他离开印度时发现自己缺钱，因此接受了来自印度显贵、阿瓦德的纳瓦布瓦维齐尔（the nawab wazir of Awadh）的大宗礼物。据马歇尔（P. J. Marshall）说，仔细查看他的账簿，就可以发现里面记录了大量小件赠品，大件的则漏掉了，借贷可算作礼物，礼物也可算作支付给东印度公司的款项。黑斯廷斯表现得像个粗心的挥霍者，又像个随意的私有财产管理者。按照当时的标准，他做得不够好，因为他偏离新兴的、明确公私财政的制度。18 世纪 80 年代控告开始时，他满不在乎的态度像是延续了克莱武及其同时代的人牟取暴利的做法。[11]

埃德蒙·柏克论黑斯廷斯受贿

黑斯廷斯并非是唯一一个努力深入了解印度传统文化的英国人。他的强劲对手埃德蒙·柏克为了方便英国人的统治，对印度文化也很了解。与其说这是一桩现代主义者与传统主义者的纠纷事件，不如说是一桩冲突的印度传统概念与如何将之现代化的事件。柏克进入下议院的 1765 年，是克莱武第三次去印度的年份。到 18 世纪 70 年代早期，柏克自学了英国在印度的管理方式，到 70 年代中期就成为了一个自信的专家，为听到一桩桩贪污案件而惊恐万分。在这些案件中，东印度公司的员工都是以印度社会和大英帝国利益为代价，中饱私囊。

在柏克看来，黑斯廷斯在议会的批准下主政孟加拉，同时公司本身也制定了明确的规则，试图建立一个诚信的政府。黑斯廷斯不改变公司的习惯，似乎仅仅延续了旧有的贿赂、勒索和令人发指的不公体制。到黑斯廷斯回英国的 1785 年，为了打造一个更好的帝国政权，柏克决定将黑斯廷斯的重大罪行公之于众。除此之外，柏克还坚信，地方长官以及其他一些在印度具有经济利益的人，运用他们的财富妨碍英国的政治决定。1786 年，柏克在下议院开始指责黑斯廷斯时，就怀疑自己能否获得胜利，不过他认为自己与西塞罗在古罗马揭发贪污腐败有些相像。政治秩序的美德危在旦夕，且不管成功与否，他都将投入战斗，以挽救这种美德。[12]

柏克于 1789 年 4 月和 5 月在上议院展开这桩案子，指控黑斯廷斯在收礼方面触犯了刑法。这种指控原本属于呈给下议院 22 条罪状中的第 6 条，不过因为现在精简为 4 条罪状，所以这里提到了重罪和品行不端的第一条。

在审讯礼物问题的四天里，柏克有两天都在揭露一桩闹剧，即黑斯廷斯与莫卧儿高官玛哈茹阿哲·南达库玛尔（Maharaja Nandakumar）的争斗故事。黑斯廷斯与南达库玛尔的关系并不稳定，他们有时需要对方的支持，有时又表现得像竞争者。故事发生在 1775 年，三个英国获委任者到达加尔各答，加入公司的理事会，与黑斯廷斯一起成为都督，负责统治孟加拉。新来的理事从一开始就与黑斯廷斯作对。南达库玛尔决定与他们合伙，告诉他们许多事情，使得他们在 1775 年就谴责黑斯廷斯收受贿赂。南达库玛尔的主要控告之一便是黑斯廷斯委派宫女莫妮·贝格姆（Munni Begum）去陪侍年轻的纳瓦布（可能是孟加拉的储君），黑斯廷斯则从莫妮·贝格姆那里捞了不少好处。黑斯廷斯只承认他去拜访她时，按照惯例接受了一笔总价 15 000 英镑的款待费。同年，英国当局在孟加拉新成立的高等法院，主审了南达库玛尔的伪造罪——这在英国是死罪，但在印度不是。他被判有罪，并被处死。当时，没有发现南达库玛尔的审判与黑斯廷斯之间存在直接的联系，不过黑斯廷斯的论敌认为他已经涉嫌滥用法律。历史学家后来也没有发现存在共谋的痕迹，然而他们认为黑斯廷斯至少应该已经意识到且纵容了这些诉讼。柏克在非法礼物问题上所用来反对黑斯廷斯的许多证据回溯到了南达库玛尔的早期控诉。在几乎没有公正的证据的情形下，对于一个权力、贪婪，还可能是虽合法但不公正的死刑判决的案子来说，这些证据已不容反驳。[13]

　　柏克在一则没有发表但附在一篇演讲稿的片断中，确切地指出黑斯廷斯与他本人在礼物问题上的基本差异。柏克区分了他为之辩护的传统礼物和被他视为现代贪污行为的黑斯廷斯收礼：

> 　　这些人饱受其领主的苛捐杂税。许多人喜欢用封建义务来支付其地租和田租，帮助儿女；来进行巡游和朝圣——开展宗教仪式，不过献给我们爱戴之人的苛捐杂税就像礼物，它是一种供奉，可以减轻权威的砝码，抑制权力的过度膨胀。其他人很难认同，认为这是对他们的巧取豪夺，而实际上这是庇护者与受庇护者之间一种世代相传的惯性关系，内涵效忠、敬重、仰慕以及对根深蒂固的优越观念的尊重。他们纳贡时，看起来不像是对人的屈从，而是遵循自然秩序本身。领主与诸侯（Vassal）相似，两者存在世人公认的关系，拥有巨大的权力。领主的尊严就是他们的骄傲。领主的财富代表就是他们的丰

足，领主的娱乐就是他们的节日。领主的葬礼就是他们共同的抚慰。领主难得的造访就是他们的好客。领主的宗教权利和朝圣就是他们最喜爱、敬畏与珍爱的迷信。他们希望领主具有最好的一面，希望他是父亲与庇护者，与他的臣民关心同样的事情。这些人便是地主（Zemindars）。[14]

柏克对传统礼物进行伤感回忆所勾勒出来的图像，与黑斯廷斯根除印度地主及农民之间固有关系形成鲜明对照。黑斯廷斯在启蒙运动理性化精神的影响下，将征税的职务拿出来出租与出售，对柏克来说，这已经是等于在破坏士绅阶级和私有财产安全。辉格派的重要发言人［柏克］将印度地主看成类似于英国地主。他们守护传统，捍卫自由，反对专制的中央政权。这里接着引入了礼物的话题。柏克认为，传统的礼物是主要社会关系在礼仪上的体现，是凝聚英国或印度传统社会的地主与农民、主子与臣民之间感情的体现。他所处时代面临的挑战是如何在商业贸易扩张的同时凝聚传统社会，而柏克也渴望推动这种贸易扩张。他认为黑斯廷斯收受的礼物不是古代效忠的延续，而是一种腐败的现代商业做法，只是强迫馈赠者奉献。他们损害了社会关系，黑斯廷斯作为最高领导者，树立了坏典型，接着又扩散到其下属。他们腐蚀了整个印度的政体，再从印度返回英国腐蚀英国的政体。柏克在谴责黑斯廷斯的过程中，提出了传统的互惠礼物。这对 19 世纪思想家来说难以理解，对 20 世纪人类学家来说，也要努力重新发现。

詹姆斯·穆勒不受礼物的束缚

1800 年后的改革者转向印度，试图将印度现代化。他们是如此强势，相比较而言，黑斯廷斯和柏克类似，都过于守旧。18 世纪的

20 这两大论敌在尊重地方传统的同时为如何正确结合理性化而展开争论时，新一代则为彻底根除印度社会和法律组织而展开论争。对这些焦躁不安的帝国缔造者来说，印度将成为一个理想的欧洲社会，由相互竞争的个体组成，且这些个体不受其社会关系束缚，还能追求个人幸福。詹姆斯·穆勒就是这样一位主流思想的发言人，反对不彻底地对印度政府进行改革。今天，人们熟知他是约翰·斯图亚特·穆勒的父亲，可是正如他著名的儿子在《自传》（Autobiography）中描写的那样，詹姆斯·穆勒本身就是位令人敬畏又无所畏惧的思想家。他的影响通过弟子而传播开来，这些弟子钦佩他健全的人格、生动的谈吐和一以贯之的笔调。[15]较之黑斯廷斯和柏克，他不知道将礼物交换当作一种习俗，将不同于现代社会的政治秩序合法化。

詹姆斯·穆勒起先是伦敦一个贫穷的苏格兰思想家，因为需要养家糊口，又没有稳定的收入来源，他花了 11 年的时间写了《英属印度史》（The History of British India）。该书在 1818 年出版后，给他带来了他所需要的地位和认可。1819 年，东印度公司聘他为通信审读者，这是一个重要职位，能控制往返印度的信件。与此同时，公司的职员以及受过教育的公众都阅读他所写的印度史。从 1808 年开始，穆勒就与杰里米·边沁（Jeremy Bentham）私交甚笃，是思想上的密友，同时以边沁功利主义哲学追随者的身份撰写《英属印度史》。他和边沁一样认为，最简单、最合逻辑的社会形式应由这样一些个体组成，他们每个人都通过追求快乐而获得个人最大的幸福。他和边沁一样试图去除传统和迷信的毒瘤，因为它们遮蔽了社会简

21 单的自然逻辑，以社会多数人为代价，让少数特权人获益。穆勒特别针对的是贵族统治和已有的教会：夺去他们的特权，揭开他们的神秘面纱。人们可以进行改革，增加人类的幸福。他观察印度时，也看到了与英国敌人同类的敌人：贵族统治以及让人困惑的种姓制度。他完全否定启蒙运动末期和浪漫主义早期思想家的主张，即梵

文或印度文学传统有价值。[16]

当谈到英国政治时，穆勒是个激进的共和党人，他认为引入代议制政府是推翻腐败的贵族统治和教会的关键。至于印度，他力荐行政统治（executive rule），它将带来彻底的变化，令印度臣民或另一个政府无力阻止这种变化。这使得他和柏克观点不同，因为柏克护卫那些印度地主。穆勒主张不通过地方中介或士绅，直接向土地的耕种者征税。他希望此举会增加税收，同时促进企业家型农民的形成。[17]同时穆勒还回到这样一项指控，即认为黑斯廷斯体现了最糟糕的滥用职权，将东印度公司变成了集个人贪婪和公共政权于一体的私人贸易公司。在穆勒看来，印度的送礼是行贿体系的另一种表达，黑斯廷斯发现该体系恰到好处，并将之作为一个在"东方"国家进行统治和中饱私囊的方式。黑斯廷斯宣称，他已经消除了孟加拉在公共财政上的债务，实际上他完全私吞了莫卧儿皇帝的财富，且没有对公共财政进行任何持久的改善。[18]穆勒详细考察了以往的收礼案件以及始于孟加拉敌对议会的相关罪行，同时浏览了以下控诉：黑斯廷斯敲诈印度本土的统治者，假公济私，同时声称他这样做是遵守印度当地习俗。可是，"在一个万事万物几乎皆已腐败的国家，习俗只能提供一种遗憾的辩护。"[19]穆勒摒弃了一种观点，即认为有必要关注当地习俗，就算有必要，对于一个无情地追求自己利益的统治者，宣称东方允诺献出众多贡物也是虚张声势，或者是花言巧语，而非一份真诚的协定。印度的批评者可以思考一下南达库玛尔的命运，他提供了一些反对黑斯廷斯的证据，最终还不是根据英国新制定的司法制度被判处伪造罪且遭处决。[20]

从黑斯廷斯那个时代开始到现在，人们普遍采用侦探小说式的口吻（他收礼了，还是没收呢？）讨论黑斯廷斯，理所当然地认为礼物是用来掩饰商业交易的。这是柏克谴责也是穆勒后来控诉黑斯廷斯时代的起点，实际上黑斯廷斯在为自己辩护时只能借口说礼物是在印度经商的必需品。然而，这个故事还有另一面。伯纳德·科恩（Bernard Cohn）分析了莫卧儿帝国印度的象征性组织，对于信仰印度教和伊斯兰教的君主来说，送礼在这里的政治交易中是家常便饭。在接见厅（durbar）或宫廷，受接见的臣民总要献上一些贵重物品，例如金币、珠宝、马匹或大象，回礼则是布匹或珠宝。这不是商业上的交换，且双方交换的物品并非等价。相反，这是一种封爵仪式，它将臣民纳入统治者的主体。他们所收的物品并不进入一般的流通领域或者成为部门可支配的资本，而是成为传家宝或者用来供某些特定场合展示。换句话说，它们属于传统的礼物交换体系。英国观察者误解了这些礼仪行为，将它们当成了商业上的交换，因此又将其当成广泛的贿赂体系，有必要由客观的管理来替代。后来，东印度公司的员工通过仔细评估所收物品的货币价值，以在交换过程中馈赠同等价值的物品。然而，黑斯廷斯更清楚这一点。不难想象的是，他应该清楚接见厅的象征功能，或者至少清楚应该在接见厅里行事，清楚收礼和送礼都是他那个时代规范印度政治关系的象征语言。不过这与发誓放弃礼物并不相符，也与解释英国议会和公众因贪污腐败的主张而愤怒的实际行动不相符。[21]

古拉姆·侯赛因论英国拒斥礼物

　　一位当代印度史家分析了英国未能在统治者与被统治者之间建立起互惠体制的原因。古拉姆·侯赛因（Ghulam Hussain）来自侍奉莫卧儿皇帝的某个朝臣家庭，不过他在普拉西之役后就搬到了孟加拉，为英国官员效力。他曾是黑斯廷斯手下的一员，他将三卷本的印度史（1704—1705 年到 1781—1782 年）献给黑斯廷斯。侯赛因自然提到了作为印度统治者之间往来一部分的礼物交换，同时谈到了送给两位英国总督克莱武和亨利·范西塔特或他们回赠的一些礼物，只是没有作特别强调。对他来说，重要的不仅是狭义上的礼物，而且是统治者与所属臣民培养起良好的关系。侯赛因将莫卧儿帝国视作典范，他写道："难以想象，这个国家人口众多、繁荣昌盛"，统治者宽容大度、和善，反过来还深受国民的爱戴。接着迎来的便是六十年的衰落，这一过程早在他所处的时代之前就已开始，"皇帝在这时变得荒于政务，达官贵人不听使唤且有些叛逆。"尽管如此，还是很少有人会因他们的行为而变得苦不堪言。但是，英国征服印度以后，事情却发生了变化：从那时起，"这个国家好像没有一个主事者。"地主折磨他们的下属；在孟加拉过去的二十年里，六七任总督来了又走，总督和议会相互争执，同时印度人不知道谁能救他们于水火之中。[22]

不用说，问题的主要根源在于英国人很快就富有了。莫卧儿人开始也是侵略者，不过他们定居下来后，与当地人通婚，促进了穆斯林和印度教徒的友谊；相反，英国侵略者无意改善这个国家。他写道，"许多英国人从这个国家劫走了如此多的皇家财产。他们没有人想过要对此表示感激，例如打一口井，挖一个水塘，种一片公共树林……或修一座桥。"黑斯廷斯是一个例外，因为他"在这个国家生活了很久，对此产生了感情"。侯赛因称，黑斯廷斯在加尔各答办了一个穆斯林法律研讨班，开垦了孟加拉的荒地，取消了河流、道路上的通行税征收处，这些都是他的改良措施。他也很欣赏黑斯廷斯对游客的欢迎态度，且他的政府还继承了传统的管理方式即正面沟通，这是其他总督任职期间都缺乏的。然而，黑斯廷斯这个榜样，也无法证明英国的统治是无罪的。侯赛因知道黑斯廷斯在伦敦受审，便写道：英国的统治在结构上便是剥削性的，黑斯廷斯却是个例外，且不指望将来的总督会有更好的管理方式。[23]

在18世纪末、19世纪初的英国政治话语当中，礼物的语言富有争议且混乱不堪。礼物赠与成为英国和印度社会的普遍特征，作为好处交换，送礼可以构建多少有势力的政治家与庇护人、作家与贵族之间的责任和忠诚关系，这也是现代常规交易的一部分。一些观察者仍然这样理解它：埃德蒙·柏克将传统礼物交换理想化，以为士绅主导的英国乡村辩护，而古拉姆·侯赛因将之理想化，是为了纪念莫卧儿帝国。然而，这些都是19世纪欧洲思想家的怀旧曲目，其意义正在逐渐消退。

詹姆斯·穆勒诠释了传统的礼物交换世界和19世纪欧洲思想家之间产生的鸿沟。正如穆勒自己的职业生涯所说明的那样，礼物交换实际上绝没有从18世纪末或19世纪的欧洲社会中消失；他本人的教育受惠于苏格兰贵族约翰·斯图亚特（John Stuart），他将长子取名为约翰·斯图亚特就是认可这种恩惠。可是，这种传奇经历及其语言，与需要建立客观和有效政府的新理想形成冲突，同时还和构想一种新型社会的努力形成冲突，这个新型社会不以那些由礼物交换这种系统培育出的特殊好处而运作。对穆勒这样的思想家来说，欧洲的礼物交换就是旧秩序的残余，会对现代民主社会造成干扰。

谈到印度的判例案件，无限制的送礼导致的灾难性后果已经清楚地表露出来。与此同时，没有人能搞清楚应该用什么来替代它。实际上，如果没有某种礼物交换体制，要在印度实施统治就是天方夜谭。黑斯廷斯给印度带来了我们所熟知的欧洲集权主义统治的一些矛盾之处：在欧洲，开明政府试行一些有效管理的新举措，但是无法省却旧有的礼物交换，因为后者可以起到凝聚社会的作用。然而，对詹姆斯·穆勒那样的功利主义者来说，礼物赠与的意义完全消失了，因为在他们看来，送礼是贵族腐败的代名词。他的愿景是从上至下进行激进的改革，但是只产生了有限的实际影响。19世纪早期，在印度的英国统治者中，更尊重地方精英的柏克传统仍然强大。不过，它揭示了在现代化商业社会中，要谈论互惠礼物，还缺乏当代的语言。礼物交换在欧洲社会曾被认为是理所当然的；现在，它变得违反理性统治，以致人们在黑斯廷斯一案的争议中难以重构其合法性。礼物交换曾是欧洲社会固有的语言，现在却成了潜在的、有争议的话语。

第二章　自由主义、利己主义和礼物

人们可以从18世纪末帝国的创造者那里看到礼物交换上的困惑，他们不能接受它，可是没有它又不行。过了一代之后，詹姆斯·穆勒则拒绝承认它的存在，认为它只是贪污的代名词，他试图以此终结有关印度送礼的不确定性。在他如此坚定展现的自由功利主义传统里，英国总督与印度君王之间交换礼物，没有促成什么，只是以当地习俗或社会阶层认可为蹩脚的借口，假公济私而已。

马塞尔·莫斯在《论礼物》的结尾处认为，这种功利主义缺乏对礼物的理解，代表了现代社会的转折点。他反对用功利主义的"利益观念，个体对有用之物的追求"来理解礼物。他写道，这种有用的概念在世界上的土著社会或古典时代几乎都不存在，或在欧洲本身，只是到近几个世纪才成为一项附属原则。"伯纳德·曼德维尔（Bernard Mandeville）发表《蜜蜂的寓言》（*The Fable of the Bees*）以后，人们几乎可以确定个人利益概念获得胜利的时刻。"[1]因此，莫斯为这种理论争论提供了起点，顶点则在他自己的论述中：经济上的利己主义理论首次清晰地在近代早期的英国得到陈述。在这一解释的基础上，1714年，伯纳德·曼德维尔首次刊出了他那著名的寓言诗。该诗及其为自由追求个人幸福的论述，为后来詹姆斯·穆勒等思想家无法理解礼物的社会功能提供了语言和前提假设。

人们同意莫斯的看法，那就是对社会经济生活的功利主义理解，存在将礼物交换转入公共行为边际的影响。秉承这一传统的自由思想家，非常成功地制定了利己主义经济角色开展的市场交换模式，以至人们到了19世纪还难以找到一种语言来表达经济实践的另一种形式大概是怎样的，或者哪一些社会结构可能促进现代社会的团结。可是，这种将礼物和市场心态一分为二的做法，过度简化了自由主义传统及其与互惠的礼物馈赠之间的关系。考察秉承自由主义传统的一些重要思想家及其先贤，就能知道一个比莫斯想象的更复杂且更有趣的故事。最早时，自由主义理论家确实将礼物排除出了现代社会的工作方式。如果我们想理解礼物从现代社会思想中的消失，还得从自由主义传统中寻找线索，这种传统的代表人物则是穆勒及其先贤等功利主义思想家。然而，自由主义传统还不止于此。在17世纪和18世纪，一些更敏锐的理论家承认他们的生活中充斥着礼物交换，即使他们制定了一种由利益驱动的社会行动模式，也考虑到了礼物交换；他们还担心现代社会如何能在谋求私利的同时追求伦理的目的。换言之，表面上展现为自由主义传统的思想，可包含多种人类动机。它并不像我们想象的那样摒弃礼物，而是重新界定了　　29
礼物的范围和意义。

霍布斯和自愿赠与

莫斯将现代对礼物的论述追溯到曼德维尔。对功利主义"利益概念"的历史来说，更为准确的时间应进一步追溯到托马斯·霍布斯（Thomas Hobbes）的《利维坦》（*Leviathan*，1651）。我们可以在《利维坦》中看到现代社会的轮廓。在这个社会里，独立的个体为生存而展开斗争，社会则围绕他们之间的斗争而组成。后来的一些思想家采用这种社会模式，且用来适应 18 世纪末、19 世纪初世界第一次工业社会的需要。霍布斯研究了受利益驱动的自我，他的研究受到了一个理性洞见—— 避免"所有人反对所有人的战争（the war of all against all）"的相互毁灭逻辑——的抑制。虽然称他的研究为一部自由主义或功利主义理论的著作是不太合时宜的，不过应该承认：它是 19 世纪初期功利主义的重要来源。[2]

尽管《利维坦》因为勉强地将人类社会确立在个体自私性的基础上而闻名，它也不时地阐述了礼物的定义和功能。霍布斯的著作比较了礼物和契约，对于一个围绕礼物网络和所谓的契约（指的是由口头表述、具有法律约束力的有限协议）而组成的社会而言，这是一种基本的区分。在霍布斯以契约为导向的社会理论中，礼物的功能是什么呢？霍布斯在其定义中详细说明了它的逻辑局限和动机：

> 如果权利的转让不是相互的，而是一方转让，其目的是希望因此获得他方或其友人的友谊或服务、博得慈善或豪爽之名、免除其内心的同情之苦、获得天国之报等等，便不是契约，而是**赠与、无偿赠与或恩惠**。这几个词语所指的是同一回事。[3]

30

在霍布斯看来，契约是相互的，而礼物不是；这种一般的区分没有给互惠的礼物留下空间。相反，霍布斯将非对称礼物，即那些不期望获得回报的无偿赠与描述成契约社会中的礼物。这种对非对称礼物的约束，明显偏离了他当时所处社会普遍存在的互惠型送礼实践，同时为现代的礼物概念指明了道路。现代礼物是这样一种单方的慷慨行为，我们今天一说到礼物，就联想到父母给孩子送的生日礼物。不过，霍布斯对契约和礼物的严格区分并没有将礼物边缘化。将礼物交换排除出社会的工作方式，对那时的读者来说没有任何意义，因为那时送礼的总量似乎一直在增加，尽管有些送礼形式在消退，如贵族家产的赠与，但还有一些送礼形式得到扩张，如慈善机构的捐赠。[4]当然，本段提到了友谊，在这里，现代形式的友谊被描述为以自发和自愿为特征。除此之外，尽管他一开始就区分了礼物和契约，但霍布斯进一步提到了另外一些种类的礼物，且这种礼物确实期望得到互惠，因为人们期望从一些礼物中"得到另一些服务"。在公共领域中，更明显的是施舍行为或"慷慨大度"——即我们今天所说的"慈善"——提升了一个人的声誉。这种回报可能不是物质的，但始终可以算作巨大的社会回报。在霍布斯的社会模式中，与获得和消费相伴随的还有许多方式，它们可以通过礼物赠与提升一个人的权力和社会地位。

　　霍布斯转向现代政治思想中让人产生持久兴趣的诸多主题时，礼物赠与的主题再次出现了。政治权威和主体之间的关系便是诸多主题之一：霍布斯将礼物赠与看成高官要职获得的额外赏赐，且建立在人类礼物与天赐礼物之间的类比之上，同时这种类比已经蕴含在他所提及的上天和神恩的报答中。礼物只是赠与者善意与自由意志的结果："就无偿赠与而言，我之所以能获得奖赏是由于赠与者的善意。"和神恩一样，统治者及其礼物也是如此：统治者送出礼物，可能希望收礼者能以服务的形式回报他们，不过其实他们无权这样要求。礼物赠与者仅能希望得到他人的感激。我们回想一下每种互惠礼物都是一种已发生义务的代名词，就可以理解霍布斯责难统治者与被统治者之间的送礼的意思。如娜塔莉·戴维斯对近代早期法国君主政体所观察的那样，限制臣民给君主送礼，将君主从互惠网络中排除出去，是加强君主主权原则的一种方式，因为这种互惠网络会使得君主必须对臣民承担义务，同时限制王权在理论和实际上的行使情况。霍布斯除了考查礼物赠与和上级权威间的关系外，还考查了礼物赠与在市民社会中的影响。他在论述礼物时补充道：得鱼忘筌者破坏了赠与者的初始意图，进而打乱和平，滋生怨恨；所以作为一个追求社会和平的人，霍布斯反对礼物赠与。承认礼物是主体之间认可这些行为的一种方式，它超越了利己主义，将个人融入和平共同体的范围。[5]

曼德维尔拒斥礼物

在《论礼物》的结尾处，莫斯强调曼德维尔标志着前近代欧洲思想向近代欧洲思想的转变。曼德维尔是霍布斯之后最大胆的思想家之一，他认为利己主义激发了人类的积极性，促使他们组成社会。莫斯将曼德维尔看成心理学和社会学观念中后来被称作功利主义的早期阐释者，以此唤起人们对他的注意是恰当的。曼德维尔将礼物运用到现代社会时，就存在一些激进思想，这使得他成为了以新方式思考人性的典范。在他的思考方式中，人性中除了没有自卫和取乐，其他一切皆有。

曼德维尔从荷兰移民到英国。在荷兰时，他接触了一些具有自由思想的法国流亡者，其中包括启蒙运动思想家的著名先驱皮埃尔·培尔（Pierre Bayle），后者可能在曼德维尔所处的中学里任教。可能在这时曼德维尔的思想便已经形成。他出身于一个殷实的市民家庭，在他所入了籍的国家靠行医来维持生计。在行医时，他参与了当时的文学和哲学辩论，他赞成当时蓬勃发展的商业自由，且在回顾古罗马共和国时嘲笑了稳定的地主精英（公德的捍卫者）的"市民人文主义"思想。他声称，利己主义足以建立稳定而又愉快的文明公共秩序。现代市场的这种自在论调不需要一套互补的礼物交换来解释人类如何维持他们的社会关系。[6]

曼德维尔决定揭露自然人的本来面目。反教权论和敌视传统道德是他的思想特征。《蜜蜂的寓言：私人的恶德，公众的利益》(*The Fable of the Bees: or, Private Vices, Public Benefits*) 经过了不断改编，是一个与本书同名的寓言，揭示了私人情绪的政治利益。该书 1723 年的修订与扩充版吸引了大批热心的读者，同时又使它臭名远扬，因为在该版中，他声称人们的自私行为，即他们的"私人的恶德"，创造了勤勉和富裕等公共的善。曼德维尔在《蜜蜂的寓言》的导论中批评了一些作家，因为他们"通常都在教导人类应当怎样"，而非人类是怎样的。人类乃是"各种情绪的复合体，由于这些情绪皆可以被唤起且首先出现，它们就轮流支配着人，无论人是否愿意，都是如此"。他对人类行为的分析主要是自然主义的观察："我所说的人，既非犹太人，亦非基督徒。我说的仅仅是人，处于自然状态且不知道真正神性的人。"文明的历史就是一个以可鄙的手段试图抑制动物本能的故事。他写道："蒙昧的动物都仅仅热衷愉悦自己，因而自然会遵从其自身的天然性向，并不考虑其愉悦势必会带给他人利或害。"政府试图抑制人类天生的自私，不过曼德维尔对人们是否能采取有效措施改善人类持怀疑态度。"道德家和哲学家"试图说服人类放弃其自然的嗜好，不过除了虚构之物，他们没有提供其他的报酬。在曼德维尔看来，道德只是权贵和野心勃勃之徒用以控制普通民众的工具。[7]他的著作体现的是相信现代商业社会是完全自给自足的，无须任何宗教道德或古典理想来使它保持繁荣。

与霍布斯不同，曼德维尔没有将送礼与他分析现代社会的主要术语关联起来。他只是在嘲笑满足时提到了一次而已：

> 骄傲与奢侈逐渐减少，
>
> 众蜂便不到大海上飘摇。
>
> 不单商号，而且一些公司

现在也已经关门大吉。

各行各业都放弃扯谎；

而那种毁灭了勤勉的满足

则使众蜂赞美简朴的器具，

不寻觅亦不贪图更多东西。[8]

　　曼德维尔在评论这首诗时，区分了勤勉的克星（即满足）与懒惰。满足是一种心理态度，表示某人对其所处环境感到自在，没有内在动力去改变这种环境。道德家诉说懒惰是勤勉的克星，可是曼德维尔不这么认为。懒惰通常与社会阶层联系在一起："除了那些我们认为地位不如我们的人以及我们希望从他那里获得服务的人，我们很少说其他人懒惰。"基于对懒惰的这种社会分析，曼德维尔接着讲了博学人士约翰·德莱顿（John Dryden）叙述过的"一位奢侈的埃及国王"的故事：

　　那位国王陛下将某些重要的礼物赐给自己的一些宠臣，在场者包括一些重要的大臣。国王准备签署一份羊皮纸证书，以确定那些馈赠。起初，他极其不安地徘徊了几回，接着像个困乏者那样坐下来，最终很不情愿地做着要做的事情，他拿起笔，非常严肃地抱怨托勒密这个词太长，还说了一些关心的话，就是找不到一个单音节的字来代替托勒密一词。国王认为，如果可以找到的话，将会省掉国王的很多麻烦。[9]

　　曼德维尔只在这里提到了礼物，不过这个场景选得很恰当。这个场景相当重要：国王与近臣之间的交换生成了社会下层与上层之间的忠诚和义务的关系。这种送礼行为显示出皇家衰落的态势，与繁忙的利己主义对立，后者促使人们扬帆起航到海外以及运转制造业。曼德维尔所叙述的国王的权力处于风雨飘摇中，国王的送礼行为是衰落的象征。

亚当·斯密论现代自由

回顾詹姆斯·穆勒以及他之前的霍布斯和曼德维尔，我们可以开始勾勒一种属于现代社会逻辑的理论传统。不管是霍布斯的君主政体，还是曼德维尔的自由思想抑或是詹姆斯·穆勒的民主，它都建构了一种理性的、利己个体的模型。在这一模型中，个体无须对抗天性或社会结构便可以形成一个和谐的整体。他们渐渐地不再重视礼物，这就像个征兆，预示着他们过度高估了人类理性，且无力想象自由经济失败的消极影响以及在没有一套单独界定的道德限制下社会所存在的暴力。

然而，将自由主义如此密切地看成功利主义的一部分，会使它丧失其实际的历史多样性。如我们所见，霍布斯本人将他严密的社会基础立足于自卫的本能时，考虑到了人类动机的多样性。更广泛地说，自由思想家能够在捍卫个体的政治、经济及社会自由的同时，充分意识到人类的其他需要和能力。从霍布斯和曼德维尔转到亚当·斯密，我们发现了人们对现代商业社会诸多局限性以及活跃在商业交换之外和前现代社会中的美德存在一种不同的意识。斯密通常被认为天真地称颂经济上的利己主义（至少在美国是如此），同时凑巧地认为利己行为的总和等于集体的善。正如学者经常指出的那样，斯密实际上是个更复杂的思想家，他试图在对现代社会的总体描绘中说明社会性和利己主义。他触及了互惠性的多个方面，20世纪的一些思想家后来将此归到礼物这个宽泛的总括性名称下。

礼物交换令人费解的一点在于它的无节制性，从功利主义的视角看尤其如此。较之市场交换，礼物交换是不可度量的，同时可能会涉及送得过多。如果检测市场交换是否公平的标准是平等，那么礼物交换体现的是慷慨。斯密对这种特性产生了兴趣，且试图对此加以解释。他有时试图从市场方面解释，不过其他时候又强调市场关系不包含任何社会运作所需的各种社会交往。斯密用"宽大"（liberality）来描述与礼物赠与社会相关的超额支出，这种支出会带来同样慷慨的回报或忠诚，或慈善方面的社会声誉。斯密在《国富论》（*The Wealth of Nations*，1776）中将"宽大"描述成贸易交换体系中不合理的环节。某些行业中的自由交易似乎是不合理的，斯密可以将之放在经济学视角来看。斯密写道，一些人，包括"演员、歌手、舞蹈家等等"，因从事艺术工作而获得超常高薪。斯密质问我们为什么要以"最慷慨的方式"奖赏他们。答案就在于这不仅是对他们所付出的时间和才能的奖赏，而且在于补偿我们称为"一种公开卖淫"的声誉损失。因此，起初看起来像是支付过高的做法，实际上是在补偿对社会的善的损害。[10] 在另一处，斯密质问为什么租金有时也有"宽大"的特征。在特定的地域，租金的市场水平"自然是租地人按照土地实际情况所支付的最高价格。"这种描绘里也有一些不合理的偏离："有时由于存心宽大，更经常是由于无知，地主接受比这一数额略低的地租"，或者租地人由于无知，缴纳比这一数额略高的地租。地主的"宽大"是个人自愿不要潜在利益的代名词。斯密在另一个例子中指出，从长计议的宽大可能会带来直接的损失，即破坏送礼者的意图：一个银行想通过自由政策推进长期投资所需的全部资本，结果只是填充了银行借贷人的账户。这种过度产生了意想不到的效果，即使他们用抵押增加了银行的资金。[11] 这些不同的超额偿付案例的缘起也各不相同：这次用来指可说明的市场价值，下次就回到了情感，再下次就用来指一种友好却欠考虑的政策。不管个别情形如何，宽大并非市场交换的本质组成部分。斯密将之看成外来环节，有时可以用市场用语来加以解释，另一些时候可将之看成一种情感因素的入侵。

在批评"宽大"在英国市场经济中所产生的干扰作用时，斯密意识到"宽大"在不同经济中有不同的作用。在前商业社会和前工业社会，富人拥有大量可供任意使用的生活必需品。因为交换的机会比较少，这些物资的所有者"除了尽其所有，用以供人吃穿外，他简直无法处置其剩余。在这种情况下，富人及有权势者的主要费用，就是不奢华的款待和不炫耀的惠施。"在这里，他特别提到了欧洲的过去："在我们封建的祖先之间"，同一家族继续保有同一地产，这显示了他们生活方式的稳定性。"慷慨的赠与"没有使早期的慷慨领主陷入困境。相比之下，在他自己所处的时代，"奢华的款待和炫耀的惠施毁了很多人。"因此，斯密所批评的宽大在早先的经济体系中有其合理性，即使它在斯密所处的时代里只是作为历史的残存而存在。[12]

那么，宽大在现代商业社会是不是没有本质性地位呢？实际上是有的，斯密在《国富论》通过确定地把握礼貌与市场之间的关系来界定这种宽大。他提到，英国和法国等国家制造了过量的财富，供过于求。斯密认为这是因为这些国家主要由农业家（"土地所有者和耕作者"）组成，工业只是在此之上增加了剩余产品。另一方面，荷兰和汉堡等以商人和制造业为主的政体，"只能通过节俭与克己而致富"。"因为不同的国家利益各不相同"，因此对性格的影响"也是不同的，对普通国民性的影响也极不相同。在前一类国家中，宽大、坦白和友爱，自成为普通国民性的一部分。在后一类国家中，自会养成褊狭、卑鄙和自私的性格，厌恶一切社会性娱乐与享受。"[13]

在现代社会里，宽大不应该在市场体制中成为行为准则的一部分，它只会在其中起破坏作用，不过它在英国或法国那样的国家

38

又可能因它而发展；能生产大量剩余财富的地方，自然会滋生开放和宽大。正如我们今天可能会说的那样，其他品质（如艺术的独创性），实际上市场经济鼓励这些品质，不过银行柜台背后不欢迎它们，斯密在《国富论》中让宽大在商业社会里占据了一定的地位。

39　　宽大得到了保留，实际上还繁荣起来了，这不仅是历史的偶然，而且是对人类本性中持久冲动的回应。艾夫纳·奥弗尔（Avner Offer）称之为"关注经济"（the economy of regard）。艾夫纳·奥弗尔指出，斯密在他的另一部名著《道德情操论》（*The Theory of Moral Sentiments*，1759）中强调，所有人都希望得到当时社会其他成员的关注和高度尊重。这是一种可能独立于或可能伴随市场交换而存在的需要。斯密还主张，在当时的社会里，富人和有权势者受到社会下层人群的仰慕，同时认为这种冲动正在强化现有的等级秩序。随着时间的推移，斯密没有放弃这种观点，不过他为区分真正值得仰慕之人和华而不实不值得仰慕之人而忧虑不已。《道德情操论》为现代社会中身份地位的作用开创了一些视角，且包含了社会、经济与道德的维度。《道德情操论》与《国富论》并不构成冲突，反而使得它的分析成为更广泛理解现代社会中可能存在的交换伦理、动机以及形式的一部分。[14]

霍布斯传统下的理论家最极端的表现为，将个体的自私想象成人类动机的完整定义和人类社会中所发生的所有行为的完美解释，这些行为包括表面上的友好、宽大行为和为他人服务。斯密不同意现代商业社会里那种令人仰慕和宽大的行为，他提出了自己的解释。他没有对在莫斯之后的我们称为礼物的东西加以分析，不过他清晰识别了为社会认同而展开的竞争，这种社会认同是莫斯分析礼物交换的中心所在。用奥弗尔的话来说，他的著作证明市场经济和关注经济在现代社会里互为补充。

弗里德里希·李斯特、德国经济学和转向历史

为了理解社会行为而有步骤地转向历史想象，且最终将送礼看成互惠责任的一种社会约束形式，这是源于德国的经济思想家。他们采取不同的方式来看传统社会，因为他们认为自己所处的区域比较晚才开始走向现代化。从 18 世纪末开始，他们就接触了从英国进口的工业化。同时，他们又处于一个极富创造力的年代，人们决心维护德国文化的独特性。由于意识到了这种差异，德国思想家对任一文化发展的地方和暂时状态都具有敏锐的意识。这种历史意识延伸到了经济学领域：德国思想家批评英国经济学者的抽象模型，认为后者把实际上属于英国通往自由工业经济的独特路径当成了放之四海而皆准的路径。作为回应，他们展开了德国应该如何走自己的路的设想，他们还在历史研究和图式中创建了历史主义，试图解释不同时期、不同地域经济发展的独特性。[15]

19 世纪早期德国思想家弗里德里希·李斯特（Friedrich List），可称为经济历史学的奠基者。李斯特既是经济思想家，又是时评家。今天人们仍然记得，他提倡在德国不同的联邦之间建立铁路系统和自由关税区。考虑到这些目标，李斯特明确提出，有一种经济体制可以瓦解不同的联邦之间的贸易壁垒，同时创建一个统一的国民经济体。民族主义者后来含有这层意思，即以所有其他民族为代价来激进地拥护自己民族的人，从这层意思上看，李斯特就不是个民族主义者。相反，把他看成通过训练且有些时候还通过职业而划分出的开明的公职阶层中的一员，是最为恰当不过了。中欧不同国家的这一阶层见证了西欧国家的现代化过程，同时试图加快德国工业化和民族建构的步伐。[16]

李斯特出生在德国西南部符腾堡州的一个富裕家庭。符腾堡州

素以开明的公职机关、大学和充满活力的议会传统而著称。1805 年，李斯特作为 16 岁的学徒开始了前途无量的职业生涯，他当过公务员、教师和符腾堡议会的议员。李斯特主张统一欧洲德语区国家内部的关税——消除单个封邑。这是建立民族国家的第一步，可他却因此而树敌。1820 年，符腾堡当局逮捕他，说他诽谤政府，还扬言要他坐牢。他先是逃亡巴黎，之后回到符腾堡首府斯图加特又被监禁，获赦释放后，于 1825 年远走美国。他再次开始了一段成功的职业生涯，在弗吉尼亚买了一个农场，为他入了籍的国家发表经济意见。1830 年，李斯特作为美国驻德的领事返回欧洲，走访了一些联邦，包括他的家乡符腾堡。1841 年，他仍居住在德国，这一年他出版了代表作《政治经济学的国民体系》（*The National System of Political Economy*）。该书总结了他的论点，即主张把地方情况和政治利益看成任一经济体系逻辑的一部分。[17]

　　李斯特在美国为他的历史阶段说找到了实验场所。在美国，他可以再看到从野蛮之地变成文明之邦的所有进步历程。他虽然走访了奥地利、德意志北部、匈牙利、瑞士、法国和英国，不过他写道，他只想把他的著作留给美国。他在穿越了大西洋之后意识到，生活是最好的导师。"在那里我们看到，一片荒野会发展成为富强的国家；在欧洲需要几百年才能看到的进步，在那里这样的进步过程就展现在我们眼前——由纯粹狩猎生活进而饲养家畜，进而从事农业，进而经营工业和商业。"他继续写道，朴素的农民比旧世界观察力最敏锐的知识分子更清楚如何提高农业生产力和地租，那就是将工业家和技工吸引到他们身边。当时存在一种教条，认为前殖民地应该仍是农业国家，为工业化的英国提供原材料，但是与此形成对比的是，美国人主张经济独立，将自己变成一个贸易和工业国。这样，他们就是自身命运的主人，就是他们民族国家的创建者。[18]

李斯特为美国的这种快速转变而欢欣鼓舞。他勾勒的经济发展阶段——从原始未开发阶段到畜牧业阶段，再到农业阶段，最后制造业和商业阶段——成为 18 世纪理论家的习惯表达。对于启蒙思想家来说，这种图式概括了几个世纪以来的历史演变，实际上还回溯到几千年以前。然而，李斯特却急切地灌输这种图式：快速变化可能且正发生在他们自身所处的时代。美国能如此快速地越过这些历史发展阶段，那么德国也可以提升经济现代化的步伐。李斯特属于受过良好教育的那代欧洲人，他们在 19 世纪上半叶访问美国，为美国从原始未开化状态到定居和工业化这种突然转变而嘘嘘不已。与他属于同一阶层的大多数德国人对这一活跃的新兴文明持更加矛盾的态度。他们为美国有力地掌控整个大陆而深受震撼，不过又对其缺乏高雅文化深表遗憾，最后还是忠于强大的欧洲。作为民主自由思想家，李斯特的反应更像普通的移民：在美国看到一块不受限制的土地，而在德国社会他们却受到了种种限制，让他们沮丧不已。李斯特坚信壮大经济和政治的双重目标，并带着这样的信仰返回了欧洲。他在书中描述的敌人是英国的经济和政治霸权。他鼓吹应该像美国一样克服依赖性。这是一种革命性的学说。[19]

李斯特的经济史是 19 世纪上半叶重要运动的一部分，这一运动试图理解那个时代快速的政治经济转型。随着法国革命的余音以及英国工业霸权和帝国霸权在他们眼前徐徐展开，许多受过良好教育的德国人（和欧洲大陆的其他人）对正在变化的人性产生了戏剧性的看法。李斯特看到这些快速变化时，他没法像英国观察者一样对正在形成的祖国——德国声称拥有自在的优越感。恰恰相反，他强烈要求祖国同胞勇敢地参与到时代的转变中。乍一看，与 18 世纪自由思想先驱们的著作相比，他的经济理论似乎未起到帮助理解传统社会的作用。如果有的话，也只能说因为他对实现现代化的可能性抱有传教士般的兴奋，所以他的洞察力不如斯密。[20]可是，李斯特注意德国情况的独特性，且坚持从德国的特殊需要与特殊文化开始。这种思考方法，即考察不同社会的历史独特性，几乎是史无前例。这种承认历史独特性的训练使德国学者对不同时代不同的法律和经济形式变得敏感，最终还感受到礼物交换在传统社会中的重要性。

卡尔·毕歇尔和经济人类学的形成

李斯特的著作是德国人广泛抵制英国古典经济理论的起点。从19世纪中叶开始，德国经济思想家就有意识地开辟不同的道路，进而开创了历史经济学派。历史经济学家追随李斯特，扮演了当代政策的支持者和分析者，他们所写的经济史引出了一系列政策良方。19世纪中叶后德国开始了快速而具有破坏性的工业革命，1864年至1871年普鲁士统一德国之后，工业化进程进一步加快。这就使得德国思想家从英国工厂和殖民地等他国新闻的报道者变成了研究最紧急的国内政策方面的专家。在19世纪最后25年里，新成立的德意志帝国随着阶级划分以及由农业经济向工业经济转变所引起的错位沸腾了起来。历史经济学家建议立足于以往时代提出当时社会的发展图式，开展详细的历史研究，这也不足为奇。中世纪、古代以及史前经济能够证明不同时空中经济逻辑如何不同，同时正如经济学家所希望的那样，能够让他们更好地洞察德国当前面临的诸种选择。尽管德国在民族建构和工业化上取得了成功，德国社会学家仍然保留了承自19世纪早期学术研究的历史化习惯，对传统社会人们的心态好奇不已。

争论当时政策问题的主要场所是成立于1873年的"社会政策学会"（Verein für Sozialpolitik）。学会的主要会员是一些争强好胜的教授，他们试图尽力影响这个刚成立的国家（这个国家繁荣富强，超出他们祖辈的想象）的发展方向，同时他们还为决定德国和世界命运的政策决定而争论不休。学会里的反对派包括卢约·布伦塔诺（Lujo Brentano）等亲英的自由主义者和古斯塔夫·施莫勒（Gustav Schmoller）、阿道夫·瓦格纳（Adolph Wagner）等保守的"国家社会主义者"。布伦塔诺等主张经济上实行自由贸易，政治与社会上实行公民自由。施莫勒等则维护普鲁士传统，主张发展国营企业，规范与控制公民生活。同时也存在两代不同的经济学家，两者在文体与内容上均有所不同。年老的一代更倾向于德国的国家传统；年轻的一代包括马克斯·韦伯（Max Weber）和维尔纳·桑巴特（Werner Sombart）则强调现代资本主义社会的差异性，同时认为需要研究新的分析方法去理解这些差异。[21]

　　1874 年秋，学会第一次公开举行会议。卡尔·毕歇尔（Karl Bücher）参加了这次会议，后来他成了一名教师，再后来成了经济学教授和该学会的领导。毕歇尔享有盛名，到 20 世纪 20 年代，他的盛名还传到了英美世界。他的原始经济学理论是他批判古典经济学的重要组成部分，并成为马林诺夫斯基在经济人类学方面的重要起点。马林诺夫斯基的《西太平洋上的航海者》（*Argonauts of the Western Pacific*, 1922）将礼物交换当作人类学的中心议题，同时影响了莫斯对礼物的论述。19 世纪 70 年代中期，中产阶级对颠覆性的工人阶级政治忧心忡忡。毕歇尔这时出现在社会政策学会使得谣言四起，在他所任职的高中（Gymnasium），即法兰克福一所叫沃雷舒勒（Wöhlerschule）的私立学校谣传他是社会主义者。实际上，他当时受德国一份主流自由主义报纸《法兰克福日报》（*Frankfurter Zeitung*）的委托，报道第一次及接下来的年会。1878 年秋，报社的主编列奥波德·索纳曼（Leopold Sonnemann）给他在报社提供了一个长期职位，他在这个职位上干了一年半的时间，负责撰写经济和社会政策方面的文章，之后就开始了大学教师的职业生涯，且于

46

1892 年被任命为莱比锡大学经济学教授。在社会政策学会，就派别而论，他是自由主义者，不过这在历史上是一个敏感的类型。一般认为，他与布伦塔诺一样支持自由贸易，只是又不像布伦塔诺那样赞赏英国的自由贸易理论和实践，在英国没有获得像布伦塔诺那样的声誉。他比马克斯·韦伯年长，却是韦伯力劝他在学会里积极活动，做年轻一代的导师。毕歇尔是现代传媒（这也是韦伯感兴趣的主题之一）方面的专家，不过他对小城镇和乡村生活仍然保持了高度的敏感，因为他生于一个乡村木匠家庭。他是位经济历史学家，注重将当代社会问题和中世纪城市史中的档案研究结合起来，且注意将理论与地方状况的看法综合起来。[22]

　　令毕歇尔声名鹊起的著作是《国民经济的起源》（*Die Entstehung der Volkswirtschaft*），它还引发了 20 世纪 20 年代人类学的讨论和争论。《国民经济的起源》是一部文集，它试图沿着弗雷德里希·李斯特的路径拓展现代经济兴起的阶段理论。毕歇尔承认李斯特是经济历史学派的创始人，不过他自己的叙述中充满了更深刻的历史研究，同时对不同历史时代的独特性更敏感。1893 年的初版开篇就对德国的自由主义思维现状加以批判性的反思。他写道，直到 19 世纪 60 年代末，德国人普遍认为政府不应该干涉经济，可是在他所处的时代，受过教育的人都不否认政府有重大与艰巨的经济责任。他继续写道，19 世纪 30 年代起，人们已经开始反对英国和法国的古典经济学以及经济政策上自由放任的后果。这就引起了一个新方向，即历史经济学派。这时的自由放任似乎不再是自然状态，而是经济史中的一个阶段，它对社会和经济教义的效用有限。他写道，经济法则就是可以修改的社会法则。历史经济学派的实践不再只是力图理解当代经济的运作方式，相反是要理解形成现在的综合国民经济所要经历的发展阶段。[23]

　　毕歇尔从批判亚当·斯密和李嘉图对自然状态的设想切入他的

发展方案。亚当·斯密和李嘉图理所当然地认为，经济通常是存在劳动分工的商业经济。斯密主张自然的冲动引起了交换；李嘉图将原始的猎人和渔夫看成资本主义实业家。毕歇尔认为，人种学研究证明他们对与生俱来的贸易本能假设是无效的。据历史上关于感官的研究显示，人类是缓慢地发展出交换体系，现代的民族经济是经过千年历史发展的产物。为挑战古典经济学家的一些观点，他在1898年第二版《国民经济的起源》中进一步挖掘了"原始"经济的涵义。第一版已经质疑了一套唯一决定所有时空中的经济行为的价值。说明这一点时，他沿用了历史学派的一般批判路数。他在第二版的"原始经济状态"（"Der wirtschaftliche Urzustand"）一章中，沿着这种逻辑返回到古典经济学派关于人类本性的理论。这一章开篇就紧紧地抓住古典经济的逻辑大加分析。他写道，所有对经济行为的科学观察都认为人类有一种"经济本性"，同时他们还有一条原则就是用最少的努力来寻求最大的回报。人们可以在人类自卫和利己的天性中找到这种经济行为的起源。不过他继续写道，满足这些天性需要经由一系列思想步骤：评估没有满足需要所带来的不快的程度，评估达到目的需要付出的努力所引起的不快，比较这两种形式的不快，最后决定哪一种牺牲更少。这些不是本能的行为方式，而是我们今天所说的受历史限制的特定选择。[24]

経済人，更重要的是经济人的价值，是他希望历史化的历史起点和逻辑起点。他的目标是阻止人们以当代人的心态朝后看，让人们依据经验了解经济活动主体在不同时空中的特殊心理构造。经济行为代指理性地选择以最少努力获取最大利益的行为，这种行为是后天习得的；整个社会一定要习得这一行为，且每个孩子都必须重新学习它；现代社会的成年人在不同程度上按照这一行为行事。如果一种自然的经济行为不是不同时空中的人类所固有的，那么习得这种带有许多独特特征的活动就必须有一段历史，这些特征包括节约、深谋远虑、劳动分工以及进行有条理的选择。毕歇尔认为，阶段理论能够通过一系列符合逻辑的进步来描绘人性的进步。这种经济发展的历史化需要一种人类学的起源，且人们能从这种起源中界定人类的原初本性和潜能。毕歇尔坚持认为，在整合人类早期阶段的模式时需要运用彻底的经验主义。不再需要"鲁滨逊式的故事"（Robinsonades），也不需要古典经济学家对早期人类不切实际的比喻。相反，他的经济行为演化史的起点是收集来自旅行家和民族志学者的证据。[25]

　　然而，要整合出一个自然人的经验模式，实在是说来容易做时难。毕歇尔没有充分意识到 18 世纪以来欧洲理论家已经认真尝试过这样做了。他阅读的文献没有超出德国的资料范围，但是英国和法国作者也曾非常努力地用科学的方法探寻处于自然状态的人，不料他们在遇到土著社会的多样性时却感到越来越迷惑，这包括波利尼西亚等拥有单一文化和族群的土著社会。19 世纪中期得到快速传播的演化图式，部分是为了回应当时抵达欧洲的大量报告而产生的。通过创立一系列阶段，欧洲理论家才能超越单一范畴，扩展图式，同时设法将不同民族放在不同的发展阶段，而北欧文明就是最后的发展阶段。对毕歇尔来说，他怀疑能否找到一个实际上还带有自然状态痕迹的原始民族。不过，他继续说，人们可以推导出一种应该是人类原始状况的模式，因此他只是能够部分地抛开他所批评的思辨人类学。[26]

　　在毕歇尔的解释框架里，原始民族—— 他特指为世界各地的那些民族以及与他们可能相像的那些最早人类—— 像大部分动物一样以小团体为单位，到处游荡、觅食、在洞穴里或树下遮风避雨，男性还携带弓箭。他们害怕文明人，但狡诈危险。尽管他们表面上群居生活，不过人人为己。因为人人都试图生存下来，所以彼此之间互不忠诚。他们的家庭关系松散，易于土崩瓦解，即使是母子关系也几乎不能长存。这些原始人为当下而活，不考虑将来。他们实际上什么也不想；他们最想做的就是自卫。欧洲人不管在巴西、澳大利亚、非洲还是在北美遇到毕歇尔所谓的"原始人"，都会为他们的愚笨而感到震惊。这些原始人只关心吃和睡。自卫的本能在空间上限于单个个体，时间上限于当下的需要。"换言之，野蛮人只考虑他们自己，且只考虑当下。"毕歇尔总结道，在早期阶段，原始人不涉及经济，因为经济通常意味着某个社会内的物品流通，而流通需要有一个目标定位、物品估价、物品使用的规范以及文化成就的代代相传，这些都是他们无法做到的。[27]

　　回到上述假设，即人类为了生存，在本性上都是利己主义者，那么毕歇尔的模式恰好符合自由主义的传统。在霍布斯所描绘的原始社会中，人类生活肮脏，举止粗野，寿命也不长，而毕歇尔所说的土著则是残酷的、自私的，这两者之间似乎一脉相承。在毕歇尔的表述中，比较新奇的是他将人类的粗野加以历史化。他的原始人并非理性的，因为有理性就会考虑将来，理性本身也是通过千年时间才获得的一种心理特质。现代欧洲人不仅仅是一些自然人，他们知道自己的私利是建立在抑制自己的本能且与人类同伴和平共处的基础上。他们继承了这一做法，即超越当下来思考问题，以找到自己的利益和实现自己利益的手段，学会这一做法本身就是一个长期的过程。这种自由主义加入了心理维度，会询问个人的思想范畴以及与他人的交流方式如何变成历史的偶然。

　　毕歇尔决定增加一个新篇章，这一决定存在另一历史背景，这也使这一章为 19 世纪 90 年代中期的讨论作出了及时的贡献。19 世纪 80 年代中期，俾斯麦开始尝试从非洲殖民地获取资源以为德国服务，不过他并没有全心全意地投入此事。俾斯麦主要关注欧洲的大国外交，建立一个世界帝国对推进德国的商业利益或转移不满的中产阶级知识分子的注意力来说，至多是桩小事。1890 年俾斯麦下台后，外交政策的革命开始了：德意志帝国保留了它在非洲东部和西南部的殖民地，开拓了太平洋上一些岛屿和其他一些领土做殖民地，同时探讨殖民扩张应该推行到什么程度。[28]

毕歇尔推行他新发现的原始经济发展的"原始阶段"，将它看作德意志新发现的帝国使命的一部分。1897 年，他做了一次演讲，指出了"原始阶段"与当代政治的关联："自从德意志帝国掌控了一些殖民地以后，人们便以前所未有的方式对原始民族及其生活方式产生了兴趣。"学者们无法回避这样一种感觉："人种学的成果将会在某一天立刻产生实效，也就是说，有远见的殖民政策可以利用这些成果。"这一点对经济学研究来说尤其正确，因为经济方面的考虑首先促成了殖民扩张的政策。不过他写道，当代知识也存在缺口："对于那些命运掌握在我们手中的民族与部落的经济，我们知之甚少！"旅行家记录了从动植物到宗教观念的所有信息，不过他们基本上忽略了日常生活：人们如何满足自己的需要，建立家庭，构造物质生活；他们最多记录了收藏在民族博物馆的工具和武器的用法。他的著作汇集了那些与自然民族（Naturvölker）经济有关的断简残篇，给读者第一印象是"野蛮人"（savage）的制度。[29]

毕歇尔在论文结尾处呼吁人们关注传统经济形式，因为忽视它们将会破坏土著社会。他恳请对土著社会审慎地加以现代化，逐渐转变土著经济，不过必须尊重历史情况，且采取适当的转变方法。这样，他便将经济人类学引入德国大众生活，以协助殖民地管理。总的来说，毕歇尔过于相信他所依赖的民族志文献的可靠性。毫无例外，甚至最忠实地记录德国殖民地里传统社群的人，也会幼稚地认为欧洲文化和民族具有优越性；同时德国（和其他欧洲）观察者低估了土著社会的复杂性和对它们进行概括的艰难性。对大多数欧洲人来说，19 世纪末的帝国氛围是无法抗拒、令人陶醉的，毕歇尔的文字中就弥漫了这一点。他以经验主义而自豪时，还专心思考传统社会的历史发展，且为了将它们纳入他的发展幻想中而不顾其地方特征。不过，他对不顾史实地对经济动机进行概括的做法加以批评，这些批评引导人们进一步研究不同时空中的交换行为。他指出的研究方向后来引导了马林诺夫斯基和其他一些更具备条件的学者用他们自己的术语分析传统社群，包括礼物交换。[30]

毕歇尔与礼物的回归

毕歇尔在他的演讲中将礼物赠与看成前现代社会里经济交换的重要方式之一。关于经济历史化，他的一则主要论断在于商业交换并非人类社会的永恒特征，而是经济发展晚期阶段的一个特征。在他经济史理论中的第一阶段，生产只是家庭生产。家庭中，男女之间有简单的劳动分工，不过没有专门的工艺技能将不同的家庭区分开来——这是他应用于世界各地原住民的一项主张。当时没有真正意义上的交换，也没有市场，因为离开基本的社会组成单位，人们得不到什么。为了平衡天赋和技艺，家庭与家庭或部落与部落之间存在有限的交换，不过这仍难以等同于有组织的营利交换，这种交换一般由专门从事贸易的人士来进行。当时也没有经济学家说的所谓的贸易，因为缺乏职业分工；家庭之间的差异也没有大到需要它们相互依赖的程度。[31]毕歇尔坚信经济独立或自给自足家庭的看法，且在运用它时明显忽视了几个世纪以来旅行家的叙述以及世界各地的当代贸易报道。

毕歇尔也并非全然不顾那些不支持他关于经济独立家庭看法的证据。为了维护他的看法，他把礼物交换的例子当成替代市场交易的做法。他退一步说，旅行家报道了多地的市场和贸易，他们的行迹遍布美洲大陆各地；史前时代欧洲人的墓地里也包含了一些从远方带回来的物品。不过这些物品并不涉及商业贸易交往，而是以礼物的形式得来的。礼物赠与和赃物、战利品、贡品、惩罚、赔偿、奖励一起，解释了物品的远距离传播。部落之间适用友好原则，所有自然民族（Naturvölker）在这些问题上也相差无几。外来者到达时他收了一份礼物，一段时间之后他又送出一份价值相当的礼物；反过来，他离开时又会收到第二件礼物，这就是一种互换。这些礼物交换解释了为什么旅行家会看到物品广泛传播开来。因此，他看到了原始社会中送礼的作用，不过并没有理解它；他试图用礼物填补他那封闭（自给自足）的家庭理论的缺口，不料却使家庭远离了经济职能和重要的社会功能。

后来，毕歇尔越过了这道门槛，非常欣赏礼物交换，将它看成一种活的、对他的同时代的人和传统社群都至关重要的社会制度。在一战末发表的一篇重要文章中，毕歇尔重新回到了这个主题上，较高地评价了它的约束力。虽然这是一篇论文，但是它预示了一种发展成熟的礼物理论。[32]

55   从19世纪90年代毕歇尔发表早期版本的《国民经济的起源》到一战末期，西欧和美国新一代日趋专业化的人类学家开始挑战19世纪中后期人类学家的种族观念和进化观念。尤其是深受柏林文化熏陶的弗朗兹·博厄斯，他在著作中批判了进化人类学，同时找出了很多显而易见的证据，证明太平洋西北部土著居民的送礼行为与政治和宗教制度交织在一起，比以往想象的任何事情都要复杂。毕歇尔在论文中没有引用博厄斯的著作，可是他援引的一部著作运用了博厄斯的研究和爱德华·韦斯特马克（Edward Westermack）的有人类学依据的道德观念发展史。这部著作便是威廉·高尔（Wilhelm Gaul）在1914年所写的莱比锡大学学位论文，其主题与礼物有关。[33]

高尔在论文的导论中探索出一条文化人类学的路径。他在开篇就引用了应"在研究及其他地方平等对待所有民族"的要求，且呼吁建立一种普遍的文化科学。的确，他仍使用了自然民族（Naturvolk）和文化民族（Kulturvolk）的划分，不过他在使用时带有一丝新的不安，批评自然民族这个词忽略了土著居民的"思想文化层面"（geistige Seite），且只是在没有找到更好的词之前继续使用而已。更重要的是，高尔找出了自己的理解方法。人们可以通过语言来理解它们，但是他恰恰相反选择了另一个主题："可以尤为清晰地反映在自然民族生活中的一般人类结构，就像人们在任何游记中看到的一样，不过仍未成为连贯描述的对象：**形式和内容上的礼物**，具有各种表征和出于各种动机的礼物。"[34]这是对迄今指导了人类学及其前身的方法论的显著修正。欧洲人一直以理性为中心研究外国文化。甚至是呼吁深刻理解非欧洲世界的那些最有共鸣和深刻见解的人，也认为口头语言是理解外国文化的媒介。高尔则另辟蹊径，这条路径与礼仪、表演（performance）和日常生活有关。

　　高尔呼吁人们把礼物当作一种古而有之且与现在仍然相关的人类制度来研究。他以此为起点，为现代利他主义的送礼观念和通常蕴含礼物回赠的古代送礼观念之间的关系感到困惑不已：这两种如此不同的观念能否包含在一个单一的范畴内？高尔试图从观念和历史两种不同的方式定义它们的关系。他写道："'现代'礼物令人注目的地方在于送礼人和收礼人之间更自由的关系……这种关系建立在个体之间更自由的关系与个人完全控制自身财产的基础上。古时正常的从属力量与经济期待这两方面都与现代礼物无关。"高尔在研究礼物赠与的多重寓意的纲要中提到：社会关系、法律关系、价值和经济交换等都发生了转变。传统的礼物转变成其他社会形式：在公共领域变成非个人的税费征缴，以与古时个人进贡的礼物形成对比，同时变成个人化的礼物——订婚和结婚礼物。高尔将这看成一个可喜的发展，是个体摆脱传统送礼对个体人身束缚的一部分，同时还创造了一个从未有过的私人领域。订婚和结婚礼物等不是古时

56

57

公共礼物的残存，而是象征着个人自主领域的出现。高尔以具有历史依据的自由主义的精神进行写作，这种自由主义欣赏传统礼物的重要性，尽管它强调现代社会中礼物的定义是不断变化的。[35]

毕歇尔根据高尔和民族学、中世纪研究中的其他一些线索，概括了一些广泛、持续且系统的送礼行为，这些行为足以构成一种有凝聚力的社会制度。他强调"原始的"礼物赠与蕴含了互惠："礼物赠与在各地的自然民族中起到了重要的作用……不过它并非不期望得到回报，即不期望回礼，且最初赠与人知道回礼的性质。"这种礼物赠与蕴含了一些义务：赠与人希望从收礼人那里得到帮助，且希望从中获益。毕歇尔改变了他的想法，他现在意识到现代商业发展之前就存在为了个人利益的常规交换，同时意识到早期交换形式的媒介就是礼物。他写道，在任何一本游记中，人们都可以从自然民族那里找到这种送礼的证据。[36]

毕歇尔还比较了原始的欧洲人与文明的欧洲人。但是，当他这时转向欧洲的过去找寻送礼的证据时，这种划分就土崩瓦解了。德语里，schenken 一词（意为"倒"，Geschenk［礼物］的词根）本身就以倒饮料等古代最简单的手势揭露了礼物赠与的深刻历史。毕歇尔指出，翻阅民俗学文献可以发现，在欧洲的重要人生场合里，礼物是如何普遍，尤其是婚姻。人们经常讨论的妇女买卖只是送给新娘父亲的礼物。他接着补充道，术士、巫医与歌手在工作前都期望能获得礼物。他将热情好客当成是一种专门的送礼行为，他所指出的这一方向自从他所处的时代起就定期激起了评论。礼物帮助外地人找到保护者，能让他们安全地在当地居住或走过。他注意到，工具的出借被人类学家忽视了。但是他清楚地记得，在他孩童时期生活的村庄里，出借果树梯、秤、犁、锯或役畜是最根深蒂固的观念；没有人会强迫别人出借，但是若拒绝出借的话，就会留下一个不友善的名声。他还让人们有先见之明地注意未进入商业交换的物品，特别是武器与珠宝，因为这些东西构成了个体特性的重要部分。这预示了一个在安奈特·韦娜（Annette Weiner）之前未曾讨论过的礼物主题。安奈特·韦娜对这些"不可让渡的财产"[37]进行了富有独创性的研究，她在这一研究中重新发现了礼物这一主题。毕歇尔的论述没有在同时代的人中引起反响；相反，他的文章与高尔的论述反映的是态度与知识的转向，这一转向将会使礼物成为 20 世纪 20 年代学术讨论的一个显著主题。

毕歇尔将礼物纳入欧洲历史和个人记忆中，深有感触地回到礼物问题。此前，在他于 19 世纪 90 年代所写的文章中，礼物只是商业交换之前一种不充分的交换形式。现在，礼物却成了一种凭借自身力量而存在的巨大社会力量，因为毕歇尔认为礼物的力量与祈求互惠有关；礼物蕴含了将个体融合成一个社会整体的义务。在他早期坚持不懈的现代化历史模式中，高级的经济形式取代低级的形式。与此形成鲜明对比的是，他现在在礼物中发现了一种古老的社会交换方式。他总结道：礼物在最初出现后并未消失，考虑一下自己所处时代的基金会与慈善名单，人们就会清楚人类还像早期一样自私，且关注回报，尽管回报并不一定都是物质回报。礼物经济提醒人们，人类的善良之处可能比想象的要多。在文章的最后，毕歇尔写道，如果将来的德国社会完全消除了各种不同形式的无偿帮助，后果将惨不忍睹。在一战期间，人们可以目睹无私与自私的各种极端形式：自冲突开始之日起，无数平民与战士放弃个人利益，牺牲自己的劳动与生命；截止一战结束的牟取暴利与阶级冲突的再现。同在一战期间，毕歇尔动摇了自己早期的观念，重新认识到需要具有约束力的社会责任。在他的文章中，礼物从欧洲史与当代社会的局外人变成了局内人。[38]

起初，自由主义传统对礼物的思考看起来像是个死胡同：它把个体解读成一个受个人利益驱动的人，表面上看它只能导向一个致力于通过契约与交换使利益最大化的商业社会。然而，我们还是可以区分出狭义上的利己主义思潮与广义上的自由主义传统，前者的代表人物有曼德维尔与詹姆斯·穆勒，他们完全依靠个体的个人利益来解释人类行为，后者则能意识到更多种的人类动机。承认追求身份地位及其他动机与寻乐互补的做法可以追溯到霍布斯。然而，更肤浅的曼德维尔只能嘲笑礼物赠与，亚当·斯密分析了现代社会的道德行为，这种道德行为与礼物交换系统中互相认可的做法一致。19 世纪的德国有了单独的发展：出现了好几代的经济历史学派试图解释不同时代人类所具有的独特动机。卡尔·毕歇尔将历史经济学延伸至土著居民，借此开始了经济人类学的早期尝试。研究礼物的新路径出现在毕歇尔于 1918 年发表的一篇文章中，在该文中，原始社会与现代社会、传统的送礼社会与现代商业社会之间的区分开始瓦解。从来就没有完全不存在礼物的自由主义传统，到 20 世纪 20 年代，这个经常给人惊喜的思想家毕歇尔，预示了礼物成为理论话语主题的到来。

第三章 无私的 "野蛮人"：原始共产主义理论

自由主义传统勾勒了现代社会的逻辑。现代社会由获得解放的个体组成，这些个体自愿地结合可以是出于不同的目的，不过仍保有高度的自由，可以追求各自的目的。曼德维尔等反传统主义者试图肯定现代社会新兴的自由可以这样做，却很少甚至只字不提礼物。视解更宽的思想家认识到只靠利己主义运转的社会之不足。他们能欣赏传统欧洲社会人们间的相互责任，也能欣赏现代社会中自愿的慷慨行为的重要地位。但是，礼物赠与仍然是个次要的话题，是一种历史记忆或是矫正现代社会试图以史无前例的方式脱离过去密集的义务网络的做法。直到 18 世纪，欧洲人才从自己所处的送礼社会走向海外的送礼社会。不过到 19 世纪中期，欧洲人对他们试图征服和统治的殖民社会仍缺乏理解。尽管礼物网络在他们自己的国家绝没有消失，不过务实的管理者、军官和商人还是难以理解他们想将之转变成温和、多产臣民的基本社会期望。卡尔·毕歇尔等老练的社会科学家试图理解土著经济中与 市场无关的规则，但收效甚微。

自由主义传统采取谨慎与间接的方式研究原住民，与此形成对比的是，始于 18 世纪晚期的公有社会思潮可能会导致人们设身处地对理应体现前现代人类社会的民族产生兴趣。自由主义者从这样一种假设出发，即人类要么作为自私的个体行事，要么表现得像孩童般不成熟，后者甚至还不能被称为自私。排斥现代社会贪婪行为的思想家与传统社群存在不同的关系。为了揭示与自私的个人主义的不同，他们可能到遥远的时空里寻找德性共和国。可是自由主义者视原住民为一群受自我驱动的个体，这种对现代性有影响的批评将他们看作无私的公有社会。他们认为遥远的古代存在原始共产主义（不完全地体现在现代土著社群中），而自由主义者却无时间限制地认为存在个人主义，比较而言，前者也是一种论据充足的说法。可是直到 19 世纪末，人类学家在争论如何理解礼物交换重要性的过程中，还是误解了传统社群里慷慨和利己主义的作用。19 世纪鼓吹公有社会的思想家在市民人文主义思想家的长龙中有一些先贤。这些市民人文主义思想家欲向现代政权和民族国家中的公民灌输共和德性，且反对弱化这些德性，因为商业贸易损害了对公益事业的忠诚。我们不应该设想，近代早期有关德性共和国的乌托邦式社会改良计划与 19 世纪对群落的看法之间存在整齐的连续性。法国大革命和工业化提出了一些闻所未闻的个人主义和民主政治参与的形式。19 世纪思想家此后面对欧洲传统社会的分崩离析时，也面临自身新的思想挑战。然而，早期旅行作家和人文主义者的传承话语仍然为后来的思想家形成看法提供资料。特别是后来很长一段时间内，北美印第安人的形象都是作为原始社会的模型。北美印第安人英勇善战，能言善辩，只为集体利益着想，得到了 18 世纪法国哲人（philosophes）的广泛接受。[1]

亚当·弗格森与蒙昧的德性共和国

市民人文主义受到了传统社群的启发，亚当·弗格森正是这一思想的杰出提倡者。作为亚当·斯密和大卫·休谟的朋友，弗格森于 1759 年被任命为爱丁堡大学自然哲学教授。八年之后，他出版了《文明社会史论》（*Essay on the History of Civil Society*），探寻何种社会才能培养 "一种进取的、有教养的品质"。他回答道，"在一些豪华的大城市里"，相互攀比是常见的事，宫廷中的人假冒为善，只有 "一个能唤起高尚情感的地方" 才能培养高洁的品质。[2] 他发现，"未开化民族"（著作第二部的探讨主题）中美好的公德尤其体现在北美的一些土著部落里。启蒙运动时期的许多作家将易洛魁人和休伦人誉为新世界的斯巴达勇士，不过弗格森的写作不只是从作家的著述中获得养分。他游历了北美，曾与印第安人朝夕相处，获得了不少第一手资料。然而，旅行家的看法通常会受到阅读的强烈影响，他们会运用个人经验将之合理化，而非以批判者的角色对之加以检验。弗格森在颂扬原始社会时回顾了前几代的市民人文主义，且预示了 19 世纪民主社会理论将会把原始社会理想化。

　　弗格森将礼物与贵族社会的腐败联系起来。他自信地重复了 18 世纪在北美游历的著名耶稣会士德·夏洛瓦（Pierre François de Charlevoix）的看法，即美洲印第安人排斥礼物：

　　　　在游历北美诸国时，夏洛瓦观察到，人们从来没有按职责的概念谈及慷慨或仁慈的行为。他们依据爱心行事，正如他们根据欲望行事，从不考虑后果一样。他们行善事时，就满足了一种欲望；事情做完了，也就淡忘了。别人对他们的帮助既可能是也可能不是出于友谊。如果它并不是出于友谊，那么，双方似乎都不把知恩图报看成是一种义务。根据这个义务，一方肯定要有所回报，否则另一方就有权谴责那个不报恩的人。他们送礼或收礼的这种精神和塔西佗观察到的古代日耳曼人的那种精神是一致的；他们喜欢送礼或收礼，但他们并不认为这是一种义务。这种馈赠是微不足道的事，除非它们被当成是达成一项交易或协议的象征。[3]

这段文字发人深省，内容涉及对人类本性的看法，是弗格森的人类社会概念的基础。弗格森像之前的夏洛瓦，清楚地了解礼物所涵盖的义务。然而，处于自然状态的"蒙昧社会"应该非常大公无私，不会与其人类同伴斤斤计较。他们基于公民责任心行事。缺乏礼物部分体现了这些社会普通的直率和自由，弗格森赞美这些品质，尽管他认为"野蛮人"头脑简单。根据同样的路线推断，对于"野蛮"勇士来说，财产"实际上是臣服的标志"，最好留给妇女们。[4]弗格森在回顾夏洛瓦时构造了一个历史的幻象，即部族是原始共产主义者的概念，这一幻象将在19世纪继续萦绕在社会思想家的脑海中。这一概念受惠于有关日耳曼部落及其勇士德性（可追溯至塔西佗）的人文主义神话，不过它预示了19世纪有关无私的人类社会——它对私有财产观念不感兴趣——之梦。[5]这样的社会无法交换礼物，暗示了一种更不愿与人分享的品性，这些思想家们愿意将之纳入他们的原始乌托邦中。

通过弗里德里希·恩格斯和卡尔·马克思的人类学思索，原始共产主义的理论在政治与思想上大放异彩。恩格斯和马克思都受惠于美国人类学家路易斯·亨利·摩尔根。他们对摩尔根知之甚少，不过他们的著述叙述了原始共产主义的演化，他们借用这一点，转化成自己的看法。始于摩尔根，继而通过两位重要的社会主义思想家，原始的利他主义社会的概念变成了一种障碍，有碍于理解利己主义和社会责任之间的平衡。后来的人类学家则从礼物交换中看到了这种社会责任。

路易斯·亨利·摩尔根论亲属关系和共同体

　　1883 年卡尔·马克思逝世之后，弗里德里希·恩格斯沿着已故朋友和合作者的论述继续前进。其中有马克思在阅读有关原始社会资料时所做的笔记，它们给恩格斯留下了深刻印象，让恩格斯认为有必要竭力完成这项未竟的事业。他从双方的通信和谈话中了解了一些材料，然而，当他读到路易斯·亨利·摩尔根的《古代社会》时，一本重要的著作触发了恩格斯的想象。回顾摩尔根的著作时，恩格斯为它契合了他和马克思的历史唯物主义而喜出望外，遂将其转化为他所写的关于人类史前社会著作的核心。1884 年 4 月上旬，恩格斯开始写作，不到两个月，即 1884 年五月下旬，便完成了该书。书的标题《家庭、私有制和国家的起源：就路易斯·亨利·摩尔根的研究成果而作》承认了它的思想缘起。这本书出奇地成功，是马克思或恩格斯所有著作中翻译得最多也是购买人数最多的一部。[6]

　　恩格斯没法过多地向读者介绍摩尔根本人，只知道他是美国人，来自纽约的罗切斯特。实际上，摩尔根是社会知名人士。他是一些著名学社的成员，曾在史密森学会发表了一部著作。英国一些著名学者，包括马克思和恩格斯非常敬重的查尔斯·达尔文，在摩尔根造访英国时都接见了他。初看之下，恩格斯不大熟悉他的名字和著作显得有些奇怪。然而他们来自不同的世界：恩格斯出生于德国莱茵兰地区，且大多数时间作为革命社会主义者流亡于英国。摩尔根则是纽约州北部富有的律师，几乎从未离开他的生养地，且相当体面地结了婚，和他的妻子定期去当地的长老派教会——完全就是他和马克思在著作中讽刺的资产阶级的"经典"例子（就像恩格斯可能认为的那样）。尽管他们存在差异，恩格斯在自己和摩尔根的历史哲学中觉察了一种深刻的共鸣。摩尔根对北美印第安人进行的研究，肯定了他和马克思对人类史前社会以及人类发展至其生活的时代及其后的发展过程的直觉。[7]

较之职业和社会地位所暗示的刻板印象，摩尔根更为复杂。（说到这一点，恩格斯也是如此，众所周知，他在曼彻斯特家族工厂担任管理者，与当地乡绅交往甚多。）摩尔根知道如何在法庭上针对客户的生意提起诉讼，不过他又是当地塞内卡人的法律辩护人，且能深度记录、分析美洲印第安人社会组织。摩尔根具有高度的社会声望和爱国之心，与此同时，又批判性地评论工业化和19世纪中期美国反民主精英的形成。他的研究引领他走向民主的人文主义，与恩格斯对人类过去和未来社会主义的看法高度一致。

路易斯·亨利·摩尔根于1818年出生在纽约州奥罗拉的一个邻近农场。他出生之后，奥罗拉兼具孤立小镇和繁荣工业中心的特征。他的父亲卒于1826年，但给家里留下了殷实的资产，足以送摩尔根去私立学校读中学，然后去斯卡奈塔第读联合大学（Union College）。他和那个时代每个稍有事业心的年轻人一样，追求事业。大学毕业之后，于1842年回到奥罗拉，居住在父母留下的房子里，等待度过生意惨淡的艰难岁月。两年后，他移居罗切斯特，在那里开展法律执业。摩尔根成为一个成功的企业律师，代表密西根上半岛罗切斯特投资者的利益。那里的采矿业正在发展，可是将矿石运往大湖港有些困难。包括摩尔根在内的罗切斯特资本家投资铁路，铁路可以将矿石运往岛屿的口岸。直到南北战争时期，密西根铁路仍然是他开展法律执业的主要支柱。此外，摩尔根在密西根还有自己的企业，生产鼓风炉，企业的名称是摩尔根烙铁公司。[8]

摩尔根在商界如日中天的同时，还对政治怀有强烈的兴趣，他被推选到纽约州议会。他还在格兰特总统任期内申请外交职位，尽管有议员作坚强的后盾，但还是四度遭否定。摩尔根的职业经历和社会经历使他深切地关注美国社会的状况。他代表小型企业利益，反对纽约市的大资本家；代表早期美国共和国的理念，反对格兰特时期的贪污腐败。[9]他与工业化的美国达成调解，不过作为诚实、能干的公众人物，他又以矛盾的心理始终如一地与不讲道德的商业行为作斗争，同时又担心不道德的商业行为在南北战争之后变得日益普遍。

　　与政治兴趣相重叠，摩尔根又与美洲印第安人过着另一种生活。大学毕业后待在家里的那段时间里，他加入了一个年轻单身人士社团，该社团起初叫做卡尤加俱乐部（Cayuga Club），后来改称"大易洛魁社"（Grand Order of the Iroquois）。它起先是社团的大学毕业生成员娱乐场地。后来，很多社团成员事业有成。不过对摩尔根来说，这是他认真调研印第安人社会的起点。很偶然的一次机会，他在罗切斯特的一家书店里遇到了一位年轻的塞内卡人，名叫伊利·帕克，又名哈桑诺安达（Hasanoanda）。塞内卡，易洛魁部落联盟中的一支。帕克是一个印第安人首领之子，在其生涯之初便作为印第安人和白人社会的解说者而表现非凡，他熟稔两者的语言和文化。"大易洛魁社"将帕克纳为社团成员，赞助他在附近的一所中等学校即奥罗拉学院完成中等教育。后来，帕克身居要职，在格兰特政府中担任印第安事务专员。他是个头脑灵活的思想家和政治家，在推进个人职业生涯和塞内卡人利益时怀疑白人社会，不过又能与之共处。[10]

　　摩尔根遇到帕克时，塞内卡人正在为抵挡土地投机商和保留专用地而忙得不可开交。争论还应回溯到易洛魁人的军事失败与白人社会的调解时代：直到 1797 年签订《大树条约》（*Treaty of Big Tree*），联邦政府才同意易洛魁人对专用地的诉求，而部落联盟方面则放弃对其他土地的诉求。塞内卡人在四块专用地当中的布法罗地区定居下来。这些地方土壤肥沃，毗邻伊利湖边正在崛起的城镇，很快就引起了一群土地投机商即奥登土地公司（Ogden Land Company）的注意。1832 年，投机商游说联邦政府要塞内卡人离开他们的专用地，迫使他们搬迁到位于威斯康星州的新专用地。许多酋长接受贿赂，签署了新协议，然而位于托纳旺达（Tonawanda）专用地的其他酋长拒绝离开。帕克于 1846 年前往华盛顿，在波尔克总统和处理印第安人事务的参议院委员会面前为塞内卡人展开游说。就摩尔根来说，他对奥登土地公司的劫掠愤慨不已，并为塞内卡人提供法律咨询。他在"大易洛魁社"朋友的帮助下，还前往华盛顿，与总统和参议员委员会单独展开会谈，同时还拜访了纽约州长西拉·赖特（Silas Wright）。托纳旺达的塞内卡人为这桩案子斗争长达十多年，最后直到 1857 年，国会才同意他们取得这块土地的所有权。[11]

摩尔根对塞内卡人的认知缘起于这次政治合作。19 世纪 40 年代中期，摩尔根扮演了赞助人的角色，帮忙安排了帕克的教育资金以及为他的部落而游说。摩尔根表现出对易洛魁社会的事务感兴趣时，帕克回报了摩尔根对他的恩惠，分享了他对部落内在事务的认知。1846 年，摩尔根和两位朋友应邀访问了塞内卡部落位于托纳旺达的专用地，被部落接纳为氏族成员。帕克担任摩尔根的翻译，使他的接纳成为可能，尽管一些部族首领不大明白情况，实际上是帕克本人也不太情愿。帕克在看到一位属于战胜民族的成员接纳为自己所属氏族成员时，夹杂着复杂的情感。对摩尔根来说，在早期，他对印第安对话者的态度也具有不稳定的因素。在"大易洛魁社"的那段时间里，他想象他与其兄弟获得了"易洛魁人"的新豁免权，将接替传统的"易洛魁人"。那时本土的易洛魁人据说已逐渐开始消失，年轻的"新易洛魁人"将挽救他们的传说。后来，摩尔根的悲观主义让位于这样一种坚决主张，即易洛魁人口的下降幅度已经趋于平稳，需要将他们看成美国社会的重要成员，这种观点在当时超乎寻常。[12]1847 年 2 月，帕克从华盛顿写了一封信给摩尔根，信中透露出这位年轻人充满自信。他明晰地评论了摩尔根新近发表的关于易洛魁人的文章，他赞成摩尔根的大部分叙述，不过修正了他的一种错误印象，即易洛魁人不定期召开议会。"他们'完全视紧急状况而定'，这一说法在面临突然的入侵或一些巨大的政治灾难时可能是正确的。然而正如我去年秋天告诉你的，现在再向你强调的那样，实际情况是他们每年都召开议会，地点通常在奥农达加（Onondaga）。"除此之外，他认为摩尔根的描述是真实的，但过于肤浅。"你可能仅仅描述了一些你掌握的详细事实，尽管我知道根据这些话题还可列出更多的事实，但是我现在没有时间来探讨这些。我非常想要从你笔下看到更多对易洛魁人的描述。"帕克可能依靠摩尔根获得了教育和政治援助，可是他是位博览群书又具有独立思想的评论家。[13]

在 1851 年结婚大喜之日，摩尔根将他第一部著作的副本送给新婚妻子玛丽·伊丽莎白·斯蒂尔（Mary Elizabeth Steel），这是他研究印第安人的顶峰和结论（他当时的想法）。这部著作便是《易洛魁联盟》（*The League of the Iroquois*）。对每个人来说，要在任何一阶段写出这样一部著作都是了不起的，更不用说是一个小镇律师的首次尝试，且他只受过地方教育。正如托马斯·陶德曼（Thomas Trautmann）所注意到的那样，数百年来，法国和其他地方的传教士、旅行家写了大量关于易洛魁人的著作。然而除了 18 世纪早期耶稣会传教士约瑟夫—弗朗索瓦·拉菲陶（Joseph-François Lafitau）（摩尔根在写作该书时还不知道他的著作），摩尔根是第一个非印第安人以著作形式陈述易洛魁人与欧洲人不一样。前者的血统和社会组织遵循母系原则，男人结婚以后，就和孩子一样，进入妻子家生活，住在一个著名的长屋中，住处可以容纳宗族内的几代人和亲属。

摩尔根将它当作进一步深化思考亲属关系的起点。这种作为社会组织原则的亲属关系也是摩尔根毕生思考的主题。20 世纪的社会人类学——下至克洛德·列维—斯特劳斯（Claude Lévi-Strauss），他将划时代意义的《亲属关系的基本结构》（*Elementary Structures of Kinship*）献给摩尔根——有了它的切入点，那就是摩尔根认为：母系氏族并不仅仅是一种古董，还是一把通往不同社会和法律体系的钥匙。[14]

72　　摩尔根认为，易洛魁联盟是一种纯粹的、值得赞扬的政治民主形式。亲属关系研究并非《易洛魁联盟》的主要目的。该书最重要的是研究易洛魁的政治活动以及构造政治活动的基本社会形态。《易洛魁联盟》分为三部或三篇（摩尔根的说法）：联盟结构、联盟精神及一些附带的主题，最后以摩尔根对美洲印第安人现存危机的反思作结。第一部首先论述了易洛魁人的"社会组织"，这一部又细分成部落、血缘组织、议事会和公共机构。易洛魁联盟，即个别易洛魁部落组成的同盟，被摩尔根称为"寡头政治"（oligarchy）。这个术语在摩尔根的词汇里寓意美好，表示政府由少数人统治，他们在这个社会里依靠大多数人的赞成。更精确地说，这是个寡头政治的联盟：共有 50 个酋长职位，他们一起掌握联盟的最高权力。酋长职位是世袭的，每个酋长都必须在某个仪式中被授予职位，成为合法的统治者。部落酋长及位居其下的族长完全享有公民与和平的权力，且不能利用职权组织族人发动战争。相反，武士（通常也是族长）则可以组织族人发起战争，但是这需要酋长议事会的批准。[15]摩尔根写道："在立法、口才、毅力和军事洞察力方面，无人能望其项背。"他认为遗传和一致性，单独的部族和联盟议事会以及单独的市政和军事领袖等的结合，是切实有效的政治秩序的组成元素。摩尔根知道，他不是第一个欣赏易洛魁人的政治和军事技能的人，不过他透过制度的表面来看基本的社会结构。这种结构使他们的联盟经久不衰，经历了 17 世纪早期到 18 世纪中期那个伟大的扩张时代。

摩尔根很少提到易洛魁人社会里的送礼和收礼。摩尔根在谈到易洛魁人内部或者与白人社会交易时，几乎不描述经济情况。整体上看，他的观察和 19 世纪的民族志研究者通常所做的一样，围绕静态分类来组织。他在作品中分析社会组织时，仍然强调静态又独立的结构。这与摩尔根试图理解易洛魁社会动荡史下的稳定性一致，因为其经历了领土扩张、对外来者的融合及对付欧洲侵略者的挑衅，却保持了一定的稳定性。摩尔根在对经济状况的理解上，转向启蒙运动时期的理论，将美洲印第安人定义为狩猎者。摩尔根认为，正是他们热爱狩猎，才使他们保持"原始状态"，这才是"美洲原住民从未崛起的真正原因"。摩尔根认为，易洛魁联盟的创建者尽可能构建政治组织的一些对抗性原则，促成一个持久的、大规模的联盟。但是，部族不断的迁徙和流浪无法使他们超越这种联盟，组建一个更加持久而稳定的政体。除此之外，摩尔根不再谈论易洛魁人的经济状况。比如，他偶尔提到贝壳串珠，可是他不谈它的多重意义和用法——贝壳串珠有自身的生产和交流方式，可以当作传家宝、外交手段和贵重物品。[16]摩尔根的著作深入考察了易洛魁人政治生活中的社会基础，不过他忽略了实物和象征物的转让，这些转让后来被称为礼物交换。

摩尔根接下来所写的著作从民族志研究转向文化人类学，从分门别类的详细描述转向具有普遍适用性的理论模型。他在这里为下一个百年人类学的中心议题之一——亲属关系的研究奠定了广泛的基础。他的《人类家族的血亲和姻亲制度》试图描绘世界各地的家庭关系。他在导论中描述了奇怪的、令人惊讶的多种亲属制度。早在 1846 年，他在易洛魁人那里见到一种不常见的制度，这种按母系计算血统的制度与欧洲的家族连续性和个人认同观念相去甚远。

1857 年，他又在奥吉布瓦人（齐佩瓦人）那里发现了母系血统关系，同时意识到起初看似易洛魁人的单独发明，实际上可能是所有印第安人社会团结统一的关键。我们可以在他的描述中看到他如何运用自己入木三分的科学想象理解这些零散知识的蕴意，同时又如何将它们组合起来，形成一种普遍的理论。如果这种制度在印第安人社会中普遍存在，那么它就应上溯到他们在美洲流浪的时刻。如果在美洲流浪的时候就有了这种制度，那么必定是他们从亚洲带来的。因此，亲属制度就变成了深层的人类连续性与社会组织结构的凭据，可以追溯到遥远的古代，且不因迁徙而变化。[17]

摩尔根雄心勃勃，试图为人类亲属关系制定一个模式，这一模式在两门学科的交汇处开始成形。几十年来，19 世纪的历史语言学都致力于通过运用沉积于词汇和句法中的系统证据来重构人类的家谱。18 世纪末以来，欧洲科学界已经意识到梵文与古希腊文、拉丁文和欧洲其他语种存在惊人的相似之处。根据这些类似点，学者认为存在一个统一的印度日耳曼语系或印欧语系的种族。该种族后来从亚洲迁徙到欧洲，族人在这个过程中分布到了世界各地。这就是"雅利安"民族，他们在语言中留下了古老的统一证据。我们可以将他们与构成独立语群的其他民族比较，尤其是地中海的"闪族"。回过头来看，可以明显地发现这种语言科学存在重大错误，首先将语言和种族混为一谈就是错误的（认为说同一种语言的人属于同一个生物谱系）。不过在整个 19 世纪，它就像是几代人研究的成功顶峰，阐释了尚无文献记录的人类历史。对家谱来说，历史语言学研究具有一种欺骗性的魅力。借助于显现深刻认同的词汇，人们可以找回失散多年的亲戚（盎格鲁—撒克逊人和东亚印第安人成为了远房亲戚），同时在所处社会中发现了与"闪族人"的原始距离。[18]

在对谱系进行哲学式讨论时，摩尔根转向家庭。他沿着一个巨大的分歧来讨论人类亲属系统：一方面是他所称的"描述制"，他认为"描述制"描述了现存真实的生物血统制度。首先，雅利安人和闪族人采用描述制亲属系统，同时罗马人尤其擅长创造符合生物关系的血统词汇和句法。相比之下，亚洲其他民族和美洲人采用"类分制"，将家庭成员分成与其生物角色不同的一些范畴。雅利安语中，父母双方的兄弟姐妹都叫做"叔父母"。可是对塞内卡印第安人而言，我父亲的兄弟是我父亲，我母亲的兄弟则是我叔父。采用类分制的民族排斥自然描述，相反他们创造了大量族群，而这些族群"明显是任意概括出来的"。在摩尔根看来，他们的分类似乎否定生物学上的事实和常识。[19]

　　初看之下，摩尔根对描述制和类分制的区分似乎既清晰又模糊，雅利安人、闪族人把握现实的出众能力和其他民族的幻想形成对照。然而摩尔根在开篇论述时，还提出了一些警告，这是由于他意识到自己提出的亲属制系统也是权宜之计。摩尔根假设"存在专偶制的婚姻关系"，可是在有些社会这个出发点可能会"飘忽不定，甚至完全不存在"。如果我们将这一看法当作有用的起点，那么就可以开始弄懂"血缘关系"（血亲关系）和自愿关系（姻亲关系）。然而，我们组织这些关系的方式取决于我们想如何处理它们："如果细致展开加以考察，那么每一种血亲关系和姻亲关系的图式都将被发现是立足于确定的观念，且如它迄今所包含的计划那样，参照特定目的构造出来的。"换言之，摩尔根意识到，家庭关系的名称属于社会系统问题；家庭在社会系统中的功能将决定选择何种词来描述它。起初显得毫无意义的类分制在特定的社会系统里也有存在的理由。摩尔根认为，描述制和类分制为不同的社会目的服务。描述制清晰地区分了旁系亲属，具有集中关注独立血统的成效，而类分制的命名法则具有凝聚旁系亲属的效果，能将它们团结在一个更大的团体中。部族、氏族和扩大式家庭团结一起，和谐共处，与逻辑上源自欧洲语言中经验主义描述的狭义单婚制形成对比。类分制亲属体系保证非欧洲民族深深地信仰公有社会。[20]

继续按照他的亲属关系理论逻辑推论，摩尔根认为最古老的人类历史完全消解了独立的自我。他坚称家庭的历史可以追溯到单婚制家庭之前，而且认为这是历史发展的晚期。他推测在人类历史的最早阶段是伙婚制——起初是兄弟姐妹之间婚配，后来是两位或两位以上兄弟与他们的妻子婚配，或者两位或两位以上姐妹与她们的丈夫婚配。这种一夫多妻制的系统实践"以**公共家庭**为前提条件，有充分的理由认为在人类的原始时代普遍存在共产主义：人类社会在到达现代意义的家庭之前经历过一个阶段，这个阶段立足于专偶制的婚姻。"[21]因此，他认为欧洲人也曾采用类分制来定义非单婚制家庭。推翻他们公有社会关系的原因是财产的引入：

> 类分制对财产的坚持，从人类家庭一直延续到文明的开端，充分证明了财产就能为类分制的终结和描述制的取而代之提供足够的动因。有充分的理由认为，雅利安人、闪族人和乌拉尔人的遥远祖先采用类分制，然而他们在到达目前意义上的家庭状态时，结束了类分制。[22]

与财产形影不离的是继承问题以及欲保证在界限清楚的家族谱系内继承财产的希望。物质关系的转变导致了家庭定义的革命。类分制和描述制亲属关系的区分成为阅读人类进化史的一个符号。人类进化史从人和物共享开始，发展到有限、分散与独立的亲属关系单元，随着时间的推移，后者保持了其独立谱系的连续性。现代一夫一妻的家庭就是财产关系史的产物，也是摩尔根所谓的现代文明社会的基础。这种对亲属关系的独特关注以及彻底将非欧洲人归为共产主义者，将欧洲人归为财产持有者的做法，妨碍考察其他社会制度。其他制度可能塑造前现代社会（不管是欧洲还是非欧洲）本土特有的复杂性。

　　摩尔根的思想视野使得他从个人的调查研究转向亲属关系模式的世界性描述。为了将描绘图景扩展到北美的大平原和森林之外，摩尔根把目光转向了约瑟夫·亨利（Joseph Henry）。约瑟夫·亨利系美国著名的物理学家、史密森学会秘书，他和州长秘书一道为摩尔根提供了资源，以便他向世界各地的传教士发放调查问卷。[23]他同时还继续开展田野调查。当然，这种田野调查缘起于他对易洛魁人的研究，在《人类家族的血亲和姻亲制度》中，有关易洛魁人的情况仍然是美洲印第安人的亲属关系制度的范式。19世纪50年代晚期和60年代早期，他继续进行一系列的田野调查。他到过密西根，然后又向西远行至堪萨斯州、密苏里州，后来又沿着密苏里河到达落基山脉。他的旅行日志展示了一个有天赋的观察者在寻找信息提供者并赢取其信任的天赋。他遇到了很多有趣的人物：处在悲剧和道德败坏的时代，一些人带着当地社会的精确知识行走于世界各地。例如他在堪萨斯州近劳伦斯的渥太华专用地上与约翰·特库姆塞·琼斯（John Tecumseh Jones）相处了一段时间，后者为他提供了渥太华亲属制度的信息。他是这样描述琼斯的："约60岁，是浸礼派会士、教会中的一员，绅士举止，风度不凡。"琼斯的母亲是奥吉布瓦人，父亲则是英国官员。他在帕塔瓦米浸礼会教堂受教育之前曾多次离家出走，最终和一个奥塔瓦人成了家。美洲印第安人是消息提供者，不过萨缪尔·艾利斯（Samuel Allis）等传教士也是如此。艾利斯出生于爱荷华州米尔斯县（Mills County, Iowa），是长老会会士，曾与波尼族人待了很多年。在等候艾利斯外出归来时，他遇到了一位法国人，这位法国人娶了个达科塔州布鲁尔县的妻子，并说妻子家乡的语言。这位法国人告诉摩尔根有关他们亲属关系的一些术语以及很多消息提供者的名字，这些人均是异族通婚。[24]田野工作无须等待下一代受过专业训练的人类学家来开展。摩尔根在没有

79

老师、同事帮助或专业优势的情况下，就制定了自己的田野考察计划。

摩尔根在碰到我们今天所称的礼物交换时，尽量去理解它，结果却令人不满意。1862 年 5 月中旬，摩尔根在展翼鹰号（Spread Eagle）——一条航行在密苏里河的轮船上结识了亚历山大·卡伯特森（Alexander Culbertson）。卡伯特森是位富商，与宜山娜（Natawista Iksana）——一位黑脚族布拉德部落（Blood Blackfoot）首领之女结了婚。摩尔根对黑脚族的婚姻协商这样写道：

> 黑脚族买卖妻子，或者更公平地说，他们期望礼物，于是礼物引导了风流韵事。长兄有处置妹妹的权利，如果没有长兄，那么就是父亲。卡伯特森送了九匹马给他妻子的长兄，便如愿以偿娶了他的黑脚族妻子。他告诉长兄要在其小屋里结婚，要那个女孩做妻子。她就这样送给他了，长兄第二天给卡伯特森回送了另外九匹马作为礼物。当地的风俗是长兄给亲戚分发礼物，同时亲戚给新郎回送礼物。如此看来，某人所给的礼物让女方家庭满意，婚姻这种形式也就得到了承认。
>
> 回送的礼物并非总是等值。有时，如果求婚者送的礼物没什么价值，对方就不会接受这些礼物，同时也不会把女子嫁出。……如果不时送出礼物，是为了给娶妻做铺垫的，那么即使求婚失败，对方也不会退还礼物。如果女方家庭把妻子带回娘家，且最终决定不管丈夫如何请求也不把妻子送回夫家，那么就要退还礼物。

摩尔根写到这里时，有点拿不定主意：这是笔买卖，还是家庭纽带？这是易货贸易，还是礼物赠与呢？黑脚族人婚姻的初始阶段就是按照交换的顺序进行的，这种状况激起了后来好几代人类学家的兴趣。那么这种交换达到了什么目的呢？实际上，长兄是社会关系的创造者：他给卡伯特森回送了九匹马，使后者与来时相比没少什么；如果一切根据传统习俗，长兄将卡伯特森的礼物（九匹马）分发给亲戚，这样就可以通过显示卡伯特森的慷慨大方将他和更大的家庭网络联结起来。最后，这个家庭也应该与卡伯特森互换礼物。好意的表示为卡伯特森、他的内兄和整个家庭之间的信任、慷慨大方开创了先例。这个家庭很满意与这个前途无量的年轻商人联盟，卡伯特森则依靠与黑脚族的关系在皮毛类贸易上大发横财。[25]礼物赠与还达成了其他一些目的，这在摩尔根身边就可以看到，只是他没有特别注意，即它联结了不同社会和文化。礼物是超越口头语言的媒介，它使皮毛贸易经济中印第安人和白人、猎人和商人之间能自如地交流。至于口头语言，没人知道卡伯特森和宜山娜娘家人能通过语言让对方明白多少。情感和利益在这桩婚姻中完全交织在一起，这也是一种利益的联姻。然而礼物这个词汇并不适合摩尔根对亲属关系共同体和财产利益之间的二分，他没法找到一些概念来定义他所写的内容。摩尔根在出版亲属关系一书之后，学术想象力开始在更广阔的天地里驰骋。他的下一部著作《古代社会》在六年后即1877 年出版了。它从两种亲属关系的划分转向社会的进化史，或者如他的副标题所描述的那样，"人类从蒙昧时代经过野蛮时代到文明时代的发展过程研究"。摩尔根不是唯一一个研究千年历史之人。他属于一代研究者中的一员，这一代研究者与他一样，都关注早期人类制度以及今日文明深刻又可能是无形的基础。英国的约翰·麦克伦南（John McLennan）、亨利·梅因（Henry Maine）和瑞士的约翰·雅各布·巴霍芬（Johann Jacob Bachofen）就是这样的学者，他们也试图深入挖掘现代一夫一妻制之前蒙昧和野蛮形式的家庭史。[26]乔治·斯托金（George Stocking）和莱昂内尔·戈斯曼（Lionel Gossman）等学者为这种几近同步、出现于家庭史中的社会进化理论列举了一些理由。始于 1789 年法国大革命的一些政治革命令全欧洲的精英惊恐万分，他们在整个 19 世纪不得不对付随之而来的政治地震。英国的工业化，然后慢慢地是欧洲大陆的工业化，创造了一大批工人阶级，他们接受自由、平等、博爱的革命政治理念，使欧洲传统精英觉得自己正面对越来越多来自内部的野蛮人。每个学者都从不同的视角展开写作，总的来说，他们都试图理解现存欧洲文明的深层基础，且使他们同时代的人意识到制度方面的成就，它将 19 世纪文明与人类最早的本能性无政府状态区分开来。

　　从大西洋这边来看，摩尔根也回应了社会动乱，就是说综观摩尔根的一生，他见识了美国从类似于早期共和国的农业和商业社会转向工业化社会的过程，而这种工业化社会的活力和热闹程度不亚于欧洲。不过，他对欧洲同时代保守主义者的反民主观点持不同意见。1870 年至 1871 年的欧洲之行让他怀疑旧世界，他回来后成了美国民主的坚定支持者。与他同时代的欧洲人一样，他面临的问题不是如何替等级制辩护，而是如何维护承自安德鲁·杰克逊时代的人人平等的社会。贪婪的资本主义的发展、基于财富建立的新的贵族政治、国家的成长威胁公民自由—— 这些议题是摩尔根和欧洲保守主义者关注的对象，不过摩尔根的起点是早期美利坚合众国。像他同时代的欧洲贵族一样，他调查他们的前辈在一夫一妻制上深刻的历史性过去，只不过持一套不同的政治价值观而已。

　　摩尔根的政治观还使得他有别于他同时代的大部分美国人，因为他对人类进步不抱幻想。这没有立刻展现出来：《古代社会》描述了人类从蒙昧到野蛮再到文明的一般发展阶段，书的第一部分标题为"各种发明和发现所体现的智力发展"。摩尔根写了一部科技史，追溯了通往现代文明过程中分割细致的每一阶段，人类掌握生存和其他发明的一些方式。取火、弓箭、陶艺、家畜、铁和音标字母标志着进步。这些进步使人类更好还是更快乐，则是另一回事。摩尔根在《古代社会》里仍然像他学术生涯伊始那样热心于政治。书中很多地方讨论了"政府观念的发展"。他再次强调，民主原则指导着易洛魁人的政府，这次他在易洛魁人和其他古代社群里区分出了三种组织形式：氏族（gens）、胞族（phratry）和部落（tribe）。他以易洛魁人为切入点，断言古代社会存在统一的民主精神，言辞十分大胆：

> 在易洛魁人中，每个氏族所有的成员在人身方面都是自由的，都有互相保卫自由的义务；在个人权利方面平等，首领和酋长都不能要求任何优越权；他们是靠血缘关系结合起来的同胞。自由、平等和博爱，虽然从来没有明确规定，却是氏族的根本原则。

摩尔根认为，现代民主精神不是得等到 18 世纪晚期才问世，它们深植于人类的古代史当中，而且在几个世纪的压抑之后才经历了近来的重生。[27]

这种原始的民主秩序植根于欧洲文明的最早家庭，它对部族的局外人而言是一种新奇之物，但它属于雅典人历史的一部分。古雅典人存在三权政府：酋长会议、人民大会及巴赛勒斯（basileus）或最高军事统帅——欧洲人后来称之为国王。摩尔根指出，这里所说的巴赛勒斯既不是欧洲式的绝对君主，也不是宪制君主。他对他同时代人对君主制的解释分别展开了批评。他写道，历史学家乔治·格罗特（George Grote）说："这些著述家已习惯于君主政府和特权阶级，他们或许欣然想乞灵于我们所知道的最古老的希腊部落的政府来证明君主政府既是合乎自然的、又是必要的和原始的政治形态；而我们对于希腊、罗马种种问题的看法就是他们塑造出来的。"摩尔根同样坦陈他的立场："从一个美国人的眼光来看，真相似乎恰恰与

84

格罗特先生的看法相反；那就是说，原始的希腊政治基本上是民主政治，它的基础是建立在氏族、胞族、部落这些自治团体上的，并且是建立在自由、平等、博爱的原则上的。"他以另一种定义继续写道：巴赛勒斯主导的雅典政体是"军事民主制"，在这种制度下，人民是自由的，政府是民主的。摩尔根的社会学分析试图透过表层政治形式，深入挖掘希腊社会的潜在民主结构。[8]

摩尔根认为，财产的兴起导致了古代社会及其早期民主秩序的衰亡。这种决定性的转变发生于罗马，它像雅典和易洛魁联盟一样起初是施行民主制度。以氏族为基础的社会被以领土、财产为基础的政府取代了，政府里的议员终生继承了爵级，人民大会根据财产持有状况来组织。"罗马政府是一种人为的、不合逻辑的、接近于畸形的政府；但它具有取得惊人成就的能力，这是由于它的军事精神，由于罗马人生来擅长于组织和管理事务。"摩尔根写道，财产因素还带来了奴隶制、贵族政治、"独裁制、帝制、君主制、特权阶级，最后带来了代议制的民主政治"。[29]摩尔根的结论倒是无比自由：为了充分实现民主政治理念，可敬的礼拜者、好公民和美国的爱国者留心历史发展的先后阶段。进化并不代表稳步前进，正如它对大多数同时代人而言，就像是相对化美国工业进程中的缺陷一样——这些缺陷在遥远的过去不存在，且在乌托邦的未来可能消失。

摩尔根虽然认为所有代议制机构的"萌芽"可以在古代社会中找到，但是他没有解释民主将如何在这个长序列末期回归。随着民主在美国的重生，他期盼"改变现存事物的秩序"，这是他批判美国资本主义的委婉说法。摩尔根通过为铁路投资辩护而事业有成，称财产为"不可控制的权力"；然而现在是得胜的时刻，他希望整个社会的利益优先于强权者的利益。他在文章末尾写道，"只要进步仍将是未来的规律，像它对于过去那样，那么单纯追求财富就不是人类的最终的命运了。……政治上的民主、社会中的博爱、权利的平等和教育的普及，将揭开社会的下一个更高的阶段，经验、理智和知识正在不断向这个阶段努力。这将是古代氏族的自由、平等和博爱的复活，但却是在更高级形式上的复活。"[30]这种表述颠覆性地将法国大革命的名言历史化了。德性并非源自理性，古代社会的德性就出现在启蒙运动之前。这些德性受到了财产规则的制约，然而又会作为未来的文明进步回归。

摩尔根在观察传统社群时，存在矛盾的心理。一方面，因为传统社群展现了古代德性和现代民主理念而他对之表示钦羡；另一方面，他又将传统社群看作人类史上早期阶段的残存。摩尔根的某些美国同辈人，包括政府对印第安人政策的重要制定者，没有感觉到《古代社会》中的这些讽刺和悲观论调，用该书来为将印第安人融入白人社会的计划而辩护。[31]不足为奇的是，欧洲激进派以不同的方式来理解他：他钦羡古代民主，相信当代欧洲社会是人类史上一个短暂的阶段，期望未来转变财产关系等，这些对激进派来说就像是一些革命性历史哲学的观点。民主政治塑造了大西洋两岸的联盟，其中一个共同的看法是社会的具体特征不如它们符合社会发展阶段重要。传统社会秩序中的人类也有利益和个性，这与人类起初是无私的乌托邦想法不一致，这是一个难以忽视的事实，违背无私社会的传奇，但一经发现又易于消除。

恩格斯和马克思论原始共产主义

如我们所见，马克思逝世后，弗里德里希·恩格斯开始撰写关于史前社会的著作。恩格斯认为，他作为马克思的朋友及其思想继承人，有义务完成马克思已经进展得相当顺利的研究。面对的这项未竟事业可能是他写作《家庭、私有制和国家的起源》的直接动机，然而这还不是恩格斯与马克思讨论该主题的始端，或者形成恩格斯关于前资本主义社会的看法。早在恩格斯发现摩尔根之前，他和马克思就开始集中交流关于非资本主义社会的看法。恩格斯的著作是他们几十年来努力将对资本主义的批判置于更长时段的经济史的产物。[32]

我们可以在马克思出版于 1859 年的《政治经济学批判》中找到对这种遥远祖先的关注。马克思在书中第一章的注释中说，共有财产是早期社会广泛存在的财产所有形式，它存在于罗马人、日耳曼部落、凯尔特人及印第安的早期民族那里，它并非如同时代许多学者强调的那样，是专属于俄国人或斯拉夫人的。[33]马克思在一封写给恩格斯的信函中再次回到了这一点。他在信中褒奖了冯·毛勒（Georg Ludwig von Maurer）的著作。毛勒是巴伐利亚保守主义政治家、历史学家，他概述了一种共有财产制度，且将其看成是欧洲财产关系的原型。马克思在信中写道："他［毛勒］细致解释道，土地私有权到后来才发展出来，等等。……我先前就指出，亚洲各处，更具体地说，印第安的财产形式构成了欧洲的起点，它在这里找到了新的证据（尽管毛勒对此一无所知）。"马克思在一封写给恩格斯、日期为 1868 年 3 月 25 日的长信中再次提到毛勒著作的重要性，因为它阐明了最早、也是后来的财产关系。他写道，直到最近几年，原始共产主义的痕迹仍然清晰可见，这与 18 世纪法学家尤斯图斯·默泽尔（Justus Möser）和著名的民俗学家雅各布·格里姆（Jacob Grimm）的认识相反，他们认为不存在共有财产这种事物。马克思通过综述毛勒等保守派人士的文献描绘了一个微妙的谱系，这些人尽管有自己的意图，但是也服务于社会主义。他写道，他们首次回应法国大革命应追溯到中世纪时期。"第二次回应——它与社会主义方向一致，尽管这些学者不知道他们属于同道中人——则超越了中世纪，应该回溯到每个民族的最早时刻。然后他们在最古老的事物里找到最新的内容令自己大吃一惊，甚至平等主义者某种程度上会

令蒲鲁东不寒而栗。"不管反动分子如何认为，发现古代共产主义给
马克思本人带来了启示力量。他说"司法盲区"使人们无法看清眼
皮底下的事物——尽管现在他找到了更广泛的证据，即使在他父亲
（莱茵兰的一位杰出律师）告知他的法律案件里也可以找到。北欧似
乎大量存在原始共产主义社会组织的痕迹。"这里所描述的日耳曼村
庄仍然存在于丹麦各处。斯堪的纳维亚对日耳曼法学和经济学来说，
应该和它对日耳曼神话学一样重要。我们从这一点出发，就可以开
始解读我们的过去。"[34]

　　当时，史前的财产关系在马克思时代就是学术争论的鲜活主题
之一。自由主义者、社会主义者、保守主义者争论私有财产是否是
人类历史中自然又持久的财产形式。对此的回答是判断财产私有是
否有其必要的关键，亦是判断未来能用或不能用什么来代替它的关
键。马克思欢欣地认为，他的政治学已经得到了科学的证明，各方
证据都支持原始日耳曼（ur-Germanic）的原始共产主义。[35]

　　《家庭、私有制和国家的起源》接受了自然社会和阶级社会的这
种区分，它的新关注点在于阶级出现之前（preclass）的古代社会形
态。恩格斯认为，所有阶级出现之前的社会基本组织单位是家庭，
同时他将关注点转向家庭的内部运作方式。通过分析家庭，他还开
始追溯家庭向阶级转变的过程，同时他通过追溯这一转变，获得了
充分展开人类社会历史逻辑的起点。从这种历史视角看，家庭并非
无时间性的私有组织，而是人类组织中一种具有创造性、变化性的
形式。家庭组织在资本主义社会内呈现一种临时形式，将在通往社
会主义的道路上继续改变。

　　令恩格斯和马克思印象深刻的是，摩尔根通过分析部族社会组
织的一些再生单元以及这些单元如何决定了更大的经济生产和政治
决议形式，为通往部族社会组织提供了钥匙。《家庭、私有制和国家
的起源》信守摩尔根的历史阶段理论。和摩尔根一样，恩格斯构想

了一套人类发展图式，按照逻辑顺序从蒙昧发展到野蛮，最终发展到文明。正如摩尔根的著作一样，与繁殖和同居（即家庭）不断变化的形式相比，这一社会发展图式还是该书的次要主题。恩格斯援引《古代社会》，认为追溯到人类最早的历史，他那个时代的现有家庭，即 19 世纪西方社会由家长统治的、一夫一妻制家庭是一系列变化中最近的历史静点。结合了世界各地不同部落实践的民族志信息片段，能够拼凑成一个整体，且借助于逻辑推导，能够组织成一些连续的阶段。[36]

　　恩格斯借助摩尔根的观点适时地往后推，从已知到未知，从经验到逻辑上的必要性，从令人尊敬的维多利亚家庭到所有家庭不加区别地联姻。一个能证明这一点的有说服力的证据便是与现代文明接触之前夏威夷所谓的普那路亚家庭（punalua family）。恩格斯写道，一群女人共享一群男人，据说男人对对方的称呼是普那路亚（意为"亲密的伙伴"）。这种情形下，女人同样互称普那路亚。绝没有有效证据支持原始的性共同体的普那路亚命题。这个命题在学术上是个迷思，缘起于摩尔根对这则术语的误解和语境抽离。[37]它的对立面是自由的社会起源神话，即霍布斯所谓"自然状态下所有人反对所有人的战争"。如果自由主义者将现代商业社会普遍流行的利己主义投射到自然状态，那么共产主义者将通过使用反复出现于后来历史阶段的原始共产主义来反对这一点。

　　恩格斯在解释"描述制"亲属关系时，重复了摩尔根隐约预示的推理。对于恩格斯来说，这种不加区分地联姻的原始阶段产生了社会与经济后果，确定了人类历史的进程：只要父权制仍不清晰，那么财产只能通过母系才能得到继承。基于这一理由，早期社会偏重母系形式的社会组织。两性关系的规训开启了人类发展的一个新阶段，即由一些较小家庭单元构成的氏族时代，它仍然偏重母系血统。这是部族社会在社会组织上的隐蔽形式，摩尔根还能在易洛魁人社会找到其演化的痕迹。经济状况和繁衍在社会发展的后期阶段再度联结起来。畜牧业、农业以及金属的使用在氏族社会里创造了史无前例的财富。在这个新社会里，父亲是资本的最主要积累者。最终，社会革命发生了。正如恩格斯所设想的那样，父亲为了捍卫自身的财产权诉求，推翻了母系氏族。如果两性繁衍局限于由家长统治的家庭，那么他们只能掌控自己的财富，并将之分配给后代。恩格斯仍然追随摩尔根，构想了母系氏族向父系氏族转变的亲属制度，以使父亲的合法子孙能继承他们的财产。[38] 这种从母系向父系的转变，类似于家庭内部自给自足向家庭外部进行经济交换的转变。生产者不再消费自己生产的产品，转而拿去交易。市场经济的其他一些特征也接着显现出来了，例如货币、高利贷、精细的劳动分工、外来劳动力以及财富的增加。父系家庭标志着"文明"的开端——不过对恩格斯和摩尔根来说，这并不是明确的好处。[39]

恩格斯急切地将摩尔根对易洛魁人的描绘当作氏族社会的生动案例，否则人们只能通过有关遥远地区的点滴信息或从古代文献中找到的零星线索才能了解氏族社会。他详细地引用摩尔根的著作，因为其著作详细报告了人类和社会在阶级出现之前的情况。"这种十分单纯质朴的氏族制度是一种多么美妙的制度啊！没有大兵、宪兵和警察，没有贵族、国王、总督、地方官或法官，没有监狱，没有诉讼，而一切都是有条有理的。"恩格斯写道，尽管氏族社会高贵、富有人性，但是其灭亡是必然的，因为它局限于自然世界和自然经济，这个历史时代的人们"仍依存于马克思所说的自然形成的共同体的脐带"。随着父系财产的兴起，这种自然共同体的力量悲剧而必然地要被"离开古代氏族社会的纯朴道德高峰的堕落势力"打破。恩格斯断言必然兴起另一种事物，那就是市场经济、阶级社会和国家的发展，不过他又将摩尔根的易洛魁人共和国看做公正、有序的社会范本，这种社会应得到复活，在未来某一天为全人类所用。[40]

《家庭、私有制和国家的起源》的写作充满了热情，内容全面而富有洞察力。该书概括了摩尔根以及他身边一整代研究者的研究，并将他们的研究往社会主义历史哲学方向引导。社会从古代共产主义发展到资本主义再到社会主义社会的看法，引起了长达一个世纪之久的讨论，讨论的议题则是家庭及性与性别在现代社会中的作用。恩格斯所运用的性别分析、对家庭——作为内在利益和联结更大社会形态冲突的场所——的强调，是具有先见之明的主题表现，这些主题直到 20 世纪下半叶仍然吸引了许多学者。[41]

恩格斯和晚期的摩尔根开辟了一些重要的研究课题，此外，他们还赞成 19 世纪中期的一种研究偏好，即概括人类社会进化。摩尔根早期著作的民族志特征被幻想取代了，这种幻想消解了意义的地方模式的证据，同时又将这些证据纳入一些普遍模式中。从摩尔根对易洛魁人的研究到恩格斯的家庭史，氏族社会变成了人类历史的一个普遍阶段，且是一个在不同时空中皆没有差异的普遍阶段。随着恩格斯强调氏族组织的"自然"状态，他还渲染它的无历史性；凯尔特人、日耳曼人、罗马人、希腊人、易洛魁人——他们都必须符合这种模式。相较于这种将历史经验普遍化的做法，更令人惊奇的是恩格斯对具体的交换形式不大感兴趣，在他和马克思看来，这些交换形式便是历史的引擎。它们不仅仅是一些可有可无的细节，而且是诸多社会形态和方向借以形成的实际机制。说到底，恩格斯的原始共产主义史与他所写的一些现实社会并无太大关系，易洛魁人、条顿人和其他民族的人开启了阶级历史和现代社会的序幕。

恩格斯的《家庭、私有制和国家的起源》影响深远，但未分析具体社会及财富与权力的分配方式。直到 20 世纪早期，第一代专业人类学家才开始反对原始共产主义的理论，来为他们田野工作所取得的经验和部族社会的实证分析做准备。原始共产主义者永远慷慨大方，不考虑个人利益，这种理论不再坚持认为个人和集体利益的存在，而传统社群将这些利益贯穿至其独有的制度——其中显著的当属礼物交换。

第四章　人类学家与礼物的力量：博厄斯、图恩瓦、马林诺夫斯基

1900 年左右，欧洲文化内部开始了一场运动。就像有些知识分子所想的那样，这场运动试图联系古代文化的天生创造力。尼采的著作启发艺术家与知识分子转向"土著"居民，以找到欧洲社会缺失的活力。欧洲民族学博物馆日渐扩大，可资利用的新的土著艺术给一些运动提供了灵感，例如视觉艺术中的表现主义。轮船、全球贸易和殖民政府，为人们前往北非与大洋洲等地参观、生活提供了前所未有的方便。大多数艺术家与作家对非欧洲民族知之甚少，甚至到海外游历之后，也只能肤浅地理解他们。他们的尚古主义一般将土著艺术挪作现代欧洲的用途。不过，他们对土著艺术的欣赏，表明已经开始接受土著民族；而在此之前，欧洲人一般都不知道土著民族的存在，或对他们表示不屑。[1]

20 世纪初，埃米尔·涂尔干、马克斯·韦伯等战前的主流社会学家都使用了向欧洲涌来的有关世界各民族的信息，但是他们感兴趣的主要还是工业社会的问题。[2]弗兰兹·博厄斯、布罗尼斯拉夫·马林诺夫斯基和理查德·图恩瓦等其他社会学家则真正地与部落民族生活在一起，形成了分析其特殊社会制度的新方法。他们虽然没有完全脱离那个时代的进化模式与文化推测，却开始了一种全新的经验主义，以了解北美、大洋洲和世界其他地方的民族。这时，欧

洲人只是借助若干陈旧的思想文化观念来统治这些民族。当然，他们不是首批为了了解非欧洲人的语言、制度而与他们生活或工作在一起的欧洲人。早在 16 世纪至 18 世纪，移民者、牧师和官兵偶尔也留下了一些敏锐又不乏深刻见解的评论非欧洲民族的文字。然而，较之 19 世纪末的进化理论家，这一时期作为革新者的人类学家推翻了他们的范式。重新愿意倾听、学习外国文化的表现，在礼物交换这一研究领域最明显不过。[3]

　　人类学家对传统社群中的权利与地位加以细致入微的探索。他们关注这一问题，原因之一便是走向礼物交换。他们摆脱经济与技术发展的宏大图式，承认传统社群中的交换活动不是孤立的，而是表现一个人的身份以及他如何适应家庭、村落与更宽泛的社会。生产、贸易没法归入一个宏大图式，因为它们与复杂的地方性做法不同，后者在于要得到社会认可。蒙昧人除了具有自私与无私的二重性，还存在变化多端的礼物交换形式。礼物交换虽然包含了竞争与冲突，却也复兴了社会秩序。早期人类学家对需要回礼的送礼行为的描述中，荣誉、经济收益与权力相互交错。

弗兰兹·博厄斯与夸扣特尔人的夸富宴

　　1895—1896 年冬，在卑诗省温哥华岛的鲁珀特堡（Fort Rupert），弗兰兹·博厄斯注意到了夸夸嘉夸族（Kwakwaka'wakw）、西方称为夸扣特尔人（Kwakiutl）的冬季庆典。接下来的几个礼拜，他目睹族人载歌载舞、欢度节庆以及秘密社团吸纳新成员的场景。11 月 24 日，在一系列演讲与狂欢舞蹈中，他看到夸扣特尔人首领希克斯—伊克斯—伊卡拉（X-ix-eqala）在围着火堆载歌载舞之后，起身宣布要摧毁自己的财富：他念念有词地将铜器一件一件地拿出来，宣布它们将"沉入我们海滩周边的水域中"。据博厄斯说，希克斯—

伊克斯—伊卡拉这样做，意味着该部落已经摧毁了这些所谓的铜器，它们的价值相当于1 500—4 000条哈德逊湾的羊毛毯。这些资产在今天看来仍是一大笔财富。首领继续说道："'这是我们部落的力量。所有夸扣特尔人部落中，就属我们毁掉的珍贵铜器最多了。'在拿出一件件铜器时，他还恶狠狠地把族人放倒，让他们跪在地上。"接着他转向另一部落的成员，感谢他们提供了"带有圆点装饰的羊毛毯（button blankets）以及2 000副手镯"，同时答应将这些羊毛毯分给第三方部落。[4]这只是每年一度的盛会消费周期中的一件事，摧毁珍贵铜器的做法胜过了这种来回的礼物赠与，盛会也在这时达到高潮。礼物赠与变成了一种纯粹的炫耀行为。除非另一个敌对部落也采取类似的摧毁做法，才能将其击败。这种炫耀财富过剩的做法，只是竞相追求身份地位的一种表现。摧毁、交换和仪式上的暴力，都展示了武士获得荣誉与征服对手的决心。这种礼物赠与体系就是夸扣特尔人的夸富宴。博厄斯目睹了其最戏剧性、最极端的一面。1858年，博厄斯出生在威斯特伐利亚明登市（Minden）的一个犹太家庭，家里富裕、思想自由。他在大学里开始是学物理，后来转向地理，1881年他在基尔大学写完了毕业论文。德国大学里浓厚的学术与科学氛围给博厄斯留下了深刻的印象。他后期所有著作都保留了这种经验主义的痕迹，坚持一定的广度、深度和方法论自觉。与此同时，他具有独立的思想，能欣赏19世纪上半叶的人文主义，也能欣赏人们根据不同文化的情况来理解特定文化的尝试。[5]博厄斯在一系列讲话与科学论文中，明确区分了他的方法与他所谓的人类学"比较方法"。比较方法就是我们在摩尔根与恩格斯那里看到的进化方法，它是19世纪末人类学的主导范式。这种方法认为，世界各地人类心态发展的模式都是统一的。为了证实这种宏大的统一性，它从结果推导出原因，理所当然地认为创造图腾或工具的原因在任何时空都是相同的。博厄斯怀疑这种比较方法推理的科学合理性。相反，人类学家应在一个狭小、明确界定的区域里工作，且观察导致特定结果的特定原因。人类学家只有从严密的地方性分析出发，才能继续比较不同的社会。他在 1896 年发表的论文《人类学比较方法的局限性》中花了几页篇幅，就将当时的社会达尔文主义和其他进化模型一扫而空。[6]

19 世纪 80 年代中期，博厄斯去了美国。他在美国自然史博物馆工作，1899 年起在哥伦比亚大学担任人类学教授。到美国后不久，他便开始实地考察太平洋西北沿岸的印第安部落，这一研究持续了几十年。这一地区坐拥肥沃的海域、温和的气候与丰富的林地资源。生活在这里的印第安人精心雕刻了一些技艺精湛的木雕，吸引了柏林民族博物馆收藏家的注意。博厄斯离开德国之前，在该博物馆工作过。从 19 世纪早期开始，夸扣特尔人、特里吉特人、海达人及印第安其他族群，就与白人商人、移民者有接触，后者则挑战、改变了前者的传统生活方式。一波又一波的天花与其他传染病席卷了这些社群。与白人接触前，当地人口约一万，博厄斯抵达时，就只剩几千了。与此同时，夸扣特尔人与其他族群能够进罐头厂工作，参与现款经济。这就为他们在已有的农产品与鱼产品的基础上增加了可观的财富。后来的一些学者，尤其是《论礼物》的作者马塞尔·莫斯和《文化模式》（*Patterns of Culture*）的作者露丝·本尼迪克特（Ruth Benedict），有时候感觉到好像博厄斯记录了部落民族完整的原始生活。博厄斯已经清晰地向读者表明，他所描述的这些礼仪与社会制度经历了不断的变化。夸扣特尔人是西北部最传统的部落，他们的夸富宴也是顺应其周边的非印第安部落的结果。[7]

博厄斯从纽约出发，多次去西北海岸。倘若无法亲自前往，他就利用通过包裹与信函邮寄过来的材料来研究。就他的夸扣特尔人研究而言，为他提供信息、与之合作的对象是乔治·亨特（George Hunt）。他在 1897 年出版的有关夸扣特尔社会的专著中，就在扉页与正文向乔治·亨特表达了谢忱。近来，学者们重构了人类学史上这位重要人物的传记。亨特的父亲是哈德逊湾公司的员工，生于英国，且移民至刚刚建立的殖民地鲁珀特堡——亨特的出生地。亨特的母亲玛丽·伊万斯（Mary Evans）是个地位甚高的特林吉特人。与夸扣特尔人一起长大，从小便参加他们的生活与仪式，先后还娶了两位夸扣特尔人做妻子。是亨特将博厄斯引入夸扣特尔人社会，收集了博厄斯本人无法直接获取的民族学资料，还给他寄了许多精致的手工艺品。像他之前实地考察因纽特人一样，博厄斯与亨特的合作方式也是完全现代的，以市场为取向，即要为亨特收集与邮寄的手工艺品支付一定数额的钱款。虽然亨特的书面英语不够好，他所接受的教育还是足够让他和博厄斯用邮件交流，得到他应该收集的雕刻。[8]就像为摩尔根提供信息的人伊利·帕克一样，亨特处在两个社会之中。

博厄斯多方面描述了夸扣特尔社会与文化，集中描写其社会组织、传说、宗教信仰、礼仪生活与语言。夸扣特尔人形成了高度等级化的社会，拥有数百个职衔与强大的领袖，领袖们竞相争夺权力、财富与地位。夏季，他们围绕部落与氏族划分开展社会生活。冬季，氏族系统瓦解了，取而代之的是一些秘密的高贵协会，有些是男性的，有些是女性的，许多还冠以动物的名称，且带来一些好几个月前就准备加入协会的年轻人。博厄斯在整个分析中强调复杂性、历史变迁以及对周边部落做法的挪用。夸扣特尔部落成员宣称拥有共同的祖先，不过他们不是生物单位，也不能接受通过传奇历史与夸扣特尔部落创始者联系起来的外人。氏族在为自卫而组织的村落的社会史中，也有自己的起源；夸扣特尔人虽然使用动物图腾，但是"并不认为自己是图腾的后人"，这一点与其周边的特林吉特人、海达族人形成鲜明对比。[9]博厄斯描述中的夸扣特尔人和其他部落生活在历史中；他们会根据周边的印第安人与白人社会而发生变化。

近期研究夸富宴的史家指出，早期接触时的交换肯定更少，只因为夸扣特尔人拥有可自由处理的财富会少得多。[10]实际上，如果夸富宴是种一成不变的制度，那么博厄斯对文化的理解也会自相矛盾，因为他一直感兴趣的是展示文化如何通过与周边部落的交换而形成；这样，他就反对民俗学者与文献学者，因为他们认为民族认同从史前到现在是有组织地展开的。相反，博厄斯试图显示不同社会团体间的交流是形成与重新形成文化的常态条件。

如博厄斯描述的那样，夸富宴是场紧张的竞赛。部分由于他与亨特的收藏，印第安人的木制面具、图腾柱、木球和其他雕刻品向常去博物馆的白人展示了其丰富的艺术想象力，然而这些雕刻起初代表的是政治力量与精神力量。地位高的人竞相炫富，他们通过向对方展示大量的毛毯、铜器和筵席来炫耀自己能赠送多少物品。尤其让读者感到震惊的是夸富宴上纯粹多余的物品，它们转而会像希克斯—伊克斯—伊卡拉那样亲手毁掉。夸富宴上的竞争者为了努力胜过对方，真的把珍贵的铜器毁掉，同时还开展其他毁灭行为。夸富宴上的败方，即被对手打败的一方，可能会遭受羞辱且失去地位。胜方则是名利双收。博厄斯进一步把夸富宴上的交换行为描述为借贷：据博厄斯的记录，夸富宴上收到礼物的一方必须在一年内偿还礼物，利息则是100%。有地位与雄心的家族会鼓励他们的儿子参与夸富宴经济。家族通常会先借给其子小额物品，后者转而可以将它们贷出，这样他们就可以积累经验，获得名誉与资金。[11]

举行夸富宴是种交换方式，它与夸扣特尔人的其他制度同时发生。娶妻依靠两个家族之间的相互赠礼；女婿给岳父送礼，便可以获得妻子。就像博厄斯描述的那样，这是一笔精彩的买卖！这里不是指一次性付清的商业买卖，而是指结婚仪式。仪式上，新郎与迎亲队伍会给新娘的父亲带几百条毛毯，他们则一路敲锣打鼓，炫耀他们的勇气、祖先与财富；岳父会安排两列卫士举着火把站在房屋入口处，形成狭窄的通道，以让新郎显示出他如何大智大勇、破关斩将才来到在屋内等候的新娘面前。新郎到达并"抱起"他的战利品时，双方都欢呼雀跃。博厄斯写道，新郎娶到新娘后，岳父就得像其他夸富宴一样偿还利息。新婚夫妇生一个孩子，就得付 200% 的利息，超过一个，就得支付 300%。岳父还得为新婚夫妇提供房子，且关键的一点是，还得送一些羽冠（特权的象征）给女婿，好让他分给自己的孩子或其他亲戚。博厄斯讲述了下面的故事：一位岳父迟迟不肯偿还礼物，于是女婿雕刻了他妻子的雕像，邀请族人参加筵席，接着便把雕像扔入大海——以此诋毁与妻与岳父的地位。后来岳父才偿还礼物。女婿成功达到目的，岳父的偿还却给这个年轻人带来了新挑战。妻子不承担债务责任，还可以自行决定继续待在夫家还是离家出走。丈夫想确保妻子留在夫家，那么他可以重新送礼给岳父，这样便可以从经济上保证妻子待在夫家。夸扣特尔人在婚礼与其他节庆场合的宴请也经常伴有友善与不友善的礼物赠与，他们有时热情好客，有时又奚落更弱势的宾客。活动参与者的壮志中几乎不包含博厄斯在这些活动中发现的夸富宴。[12]

在博厄斯描述之前，夸富宴就已经广为人知，且得到了许多描述。1887 年，加拿大著名的地质学家、人类学家乔治·道森（George M. Dawson）写道："夸富宴及其伴随的礼物分配的主要目标似乎是为了获得名誉与名气。"然而（道森从道德上反对夸富宴），这种观察与博厄斯分化型分析相去甚远。博厄斯的区分不在于"发现"夸富宴，而是试图借助亨特掌握的内部情况来纪实性地描述它，试图理解它作为夸扣特尔人和大西洋西北海岸其他印第安人社会的普遍原则如何运作。关于他早期对夸富宴的描述，其同时代的人——包括英国人类学家的老前辈爱德华·泰勒（Edward B. Tylor）——都表示赞赏；博厄斯在此后几年里继续描写夸扣特尔人及其周边部落，在 20 世纪 10 年代晚期与 20 世纪 20 年代早期，他写出了大量民族志与分析，这时，他的同时代的人图恩瓦、马林诺夫斯基与莫斯正在讨论类似的交换行为。博厄斯沉浸于细节描述中，他对太平洋西北海岸印第安人的描述属于不妥协的科学（Wissenschaft），不是为了在他那个时代或之后拥有广泛的读者群。然而，他那些人类学专业同仁拜读了他的作品，还做了笔记；博厄斯研究夸富宴，是研究慷慨的互惠交换那一代人的先锋，研究的顶峰则是莫斯的《论礼物》。[13]

图恩瓦与巴纳罗人的婚礼

博厄斯在他的夸扣特尔人人类学研究中描述公共物品交换，与他同时代的理查德·图恩瓦则侧重研究一种博厄斯只间接提到的交换方式：性赠与及回馈。《巴纳罗人的社会》（*Bánaro Society*）出版于 1916 年，5 年后出版了德文译本。它研究生活在塞皮克河——位于当时的德属新几内亚殖民地——的支流即克雷姆河（Kerem River）的一个民族。该书概述了一种严密的婚配逻辑体系，分开来看，会让西方人觉得有些怪异，整体上看却是一个完全平衡的体系。图恩瓦在他的专著中无论对巴纳罗人生活的亲历描述还是叙述，都排除了民族志研究；相反，它的分析紧紧围绕他们婚内与婚外的性交换体系，在作者看来，这一体系几乎就是一个完美的对称部分，与其他体系构成一个社会整体。图恩瓦因此预示女性交换的主题，成了列维—斯特劳斯在《亲属关系的基本结构》（1949 年）中的礼物原型。[14]

图恩瓦严肃的专著掩盖了一个天资卓越却又焦虑不安的冒险家的个性。图恩瓦 1869 年出生于维也纳。他在职业生涯起步阶段走上了类似行政管理的岗位；服军役一年以后，在维也纳大学研修法律。1896 年起，他在波斯尼亚和黑塞哥维那（Bosnia-Herzegovina）哈布斯堡王朝统治的省份做了两年的行政管理实习生。这一经历使得他转向文化人类学，且特别侧重经济条件。他从萨拉热窝写信给卡尔·毕歇尔，称自己是年轻的一代，正转向研究土著居民的经济生活，就像毕歇尔在《国民经济的起源》中所期盼的那样。[15] 1901 年，他来到柏林，听了卡尔·冯登·斯坦恩（Karl von den Steinen）的大学演讲，后者以研究亚马逊和马克萨斯群岛而闻名。同年，冯·卢尚（Felix von Luschan）聘请他到柏林民族博物馆的非洲及大洋洲分部工作。1905 年，民族博物馆派图恩瓦前往南部考察，该地当时属于德属新几内亚。这次学徒式的旅行开启了他在人类学上的职业生涯。他所接受的教育和研究考察说明，他的导师毕歇尔置身局外对发展经济人类学的兴趣开始过渡到人类学学科的形成。[16]

　　在他们的通信中，卢尚像个好心导师，件件事情都操心。他担心图恩瓦与同行德国民族志学者兼收藏家，即海军医生埃米尔·施特凡（Emil Stephan）一起作田野访问时，会发脾气，同时还提醒道，施特凡社会关系良好，可能对他有帮助。他多次写信给图恩瓦和德国殖民地的长官，抱怨说他迄今没有收到一件物品，一份单子或一张照片，且还说没有收到令他值得投入此次旅行的东西，是不会注入后续资金的。后来随着图恩瓦寄回大量物品，包括一些带阳具、乳房和头骨的雕刻品——有些还是他渴望收藏的，这时卢尚才压住对图恩瓦的怨气，同时给他完全的信任和资助。[17] 这次学徒式的旅行结束时，图恩瓦已经成为杰出的收藏家。

　　图恩瓦从布干维尔岛给身在柏林的卢尚写信，详述了他如何成功地完成危险的使命。"首先，我使自己免受干扰，**我热情友好，支付高价，但从不送礼**，我非常注意保护自己的'白人专属权'。我还时不时地让他们感到我的'底气'。"[18] 这是仿效俾斯麦的德国统治阶级的说话口吻。俾斯麦所开创的这种独裁的统治方式，继而延伸到了威廉二世时期，还扩散至德属殖民地。图恩瓦的声明也界定了一种田野考察方式，它依赖于心理距离，因此排除了礼物赠与的相互责任——图恩瓦在后来某个关键时刻忘记了这一模式。到 1909 年，图恩瓦的一些事业方案开始得到展开，让他蜚声海内外的也正是这些事业：德属新几内亚塞皮克河考察（或奥古斯塔皇后河考察）。那一年，一名来自新几内亚公司的行政长官结识了卢尚，并建议他派人去收集藏品，因为芝加哥菲尔德博物馆（Chicago Field Museum）就在该公司的协助下前往收集。次年，卢尚受到了大量捐赠者的资助，足以安排人前往考察。第一年，殖民部、教育与艺术部、吕贝克市、《柏林日报》的出版商鲁道夫·莫泽（Rudolf Mosse）都提供了资助。1911 年，考察的计划委员会会议决定派阿图尔·斯托勒（Artur Stollé）——一名受过大学培训的采矿工程师——担任考察团的团长，成员包括了一名植物学家、医生兼动物学家以及地理学家。考察团成员中还包括两名民族志学者，阿道夫·罗西克（Adolf Roesicke）负责塞皮克河上游，图恩瓦则负责下游。[19]

按计划，图恩瓦应集中考察非物质文化，特别是语言、心理与社会问题，但同时也希望能收集工艺品，并加以拍照、录音。结果是罗西克带领的主力考察团于 1912 年 2 月到达新几内亚；图恩瓦则直到 12 月 5 日才离开柏林，1913 年 1 月 9 日才到达德国殖民地。因为图恩瓦具有一个装配完备的政府考察团所拥有的一切资源，因此他就有适合发挥自身才能的机会，同时还有单独开展调查的自由，无需跟考察团其他成员发生工作上的摩擦，当然通常也有在探索新地域完成考察使命过程中可能会出现的危险。[20]

图恩瓦把自己的经历写在信函、日记与专栏文章中，详述了战前帝国主义最后的几天里此类考察的进行状况。1913 年 12 月上旬，塞皮克河正处于雨季，他与机修工菲比格（Fiebig）及其 52 个当地雇工（"小伙子"）浩浩荡荡，犹如一只乘船出海的兵团，出动了两艘机动艇、两艘小船和六只独木舟，所有船只都满载油、汽、米、

107

帐篷和步枪。还装载了供交易的物品：斧子、短柄小斧、各种尺寸与各种类型的刀具、缠腰布、玻璃珠、镜子、烟草、熨斗，等等。他们沿暴涨的河水前进，天气也变得湿热。图恩瓦将盒子当坐凳，箱子当餐桌，从早坐到晚，有时一坐就是 10 个或 11 个小时，一直到他们停下来，当地组员在岸边支起帐篷。时不时地会突然来一阵大风，将他们遮风避雨的帐篷吹走。日日夜夜的洪水摧垮了他的信心，使他怀疑自己能否完成计划。然而，一月份的第一周过后，天气似乎有所好转。一月末，他还阅读随身携带的海涅与歌德作品，还富有闲情逸致地写一些文学评论（海涅还真是令人喜爱）。[21]

　　这次远行尽管单调、不适，但也让他与村民有了可以预见的接触，得到了一些意想不到的收获。一些身体涂着彩妆的村民，挥着双手，乘着独木舟从村里出来交易：用番薯、西米、手工艺品和人类的头骨来交换刀具与斧子。考察团在翁厄曼（Angerman）村附近安营扎寨时，第二天早上所有的村民都出来迎接他们。同时还有两个头戴面具的舞者，芦苇披风遮住了膝盖，在手腕和脚踝处沙沙作响，头上还插着巨大的梳子。他们吹着短笛，发出猪一般的嗥叫声。图恩瓦一进村，全村男女老少都出来迎接，头戴面具的男士开始跳舞（他将他们比作投币式自动戏剧中的手艺人），蒙面舞吱吱作响，其他村民则在一旁唱歌。蒙面舞者踏着舞步，朝着大型的神灵屋走去，且看着图恩瓦及其随从是否跟在后面，一直到他们进入屋内。加入队伍的人都带上了笛子，"接着开始了一场震耳欲聋的音乐会，犹如 500 头猪一起发出的声音。"这一出戏还有序幕：在前述的 10 月份，图恩瓦从村民中选了五人，让他们随同他一起前往海岸边考察了两天。他的船队漂回来时，发现船上没有他的踪影，大家都以为他死了。因此，现在图恩瓦推理说，他似乎是从另一边回到营寨的。这件事在单调乏味的旅程中发生，有些不可思议且富有戏剧性，它同时也意味着，对新几内亚人，可能也是对同时代的欧洲人来说，图恩瓦的突然涉足具有传奇色彩。他不是从"神灵世界"（spirit realm）归来，却是多次从可能让人命丧黄泉的旅途中归来。[22]

考察工作成果斐然：不仅成功绘制了德国殖民地的内部图景，而且获得了当地一些自然物品与人工物品。1913 年 10 月中旬，考察团团长阿图尔·斯托勒（Artur Stollé）博士向他的殖民部上司列了一份清单，提到迄今收获的物品包括：80 只哺乳动物，3 116 只鸟，370 只爬行动物，5 条鱼，6 000 只蝴蝶，10 000 只昆虫，6 600 株植物，105 张地图，3 300 张照片；民族学范畴上说，有 5 800 件手工艺品，其中包括 3 具骸骨，300 具头骨，175 张圆筒唱片，250 份生理计量采样（physiometric samples）与 9 种语言或方言的词汇。图恩瓦另外为 8 月 26 日的冒险旅行写了一份报告：8 月，他从塞皮克河中游出发（随行的有五名新几内亚警员，七名搬运工与一名仆人），直接穿过陆地，来到东部海岸，找不到当地向导时就使用指南针，找不到路时就横穿森林。他额外申请了两个月进行田野考察，因为"只有长时间待下来，才有可能做个彻底研究。"他提议资助在一个地方的长期考察：不要白人机修工，削减燃油与燃气预算，减少新几内亚警员和搬运工。图恩瓦和他的上司力图从探险模式过渡到后来所谓的人类学田野考察模式。[23]

图恩瓦想用更多时间来做田野考察，而他的梦想也可怕地实现了，因为欧洲战争的消息波及了南太平洋，新几内亚德属殖民地处于风雨飘摇中。战争爆发后数日，便发生了变化：1914 年 8 月中旬，一艘来自悉尼的无敌战舰停靠在德属殖民地的首都拉包尔，这里还设了英国总督。到了 12 月，图恩瓦通过阅读德国报纸上的文学作品来提神，他周边世界的局势急转直下。当地向导宣布，他们不再为图恩瓦效劳（他也同情他们）。他还听说德国人被赶出了香港、新加坡和西贡；他在日记中直言，说自己的生活很悲惨。第二年情况没有好转，反而变得更糟：1915 年 1 月 7 日，他回到住处，却发现他

109

110

留在那里的所有藏品与笔记都被巡行的澳大利亚士兵洗劫一空，地上一片狼藉。幸亏当地部落成员与英国行政官出于同情帮了他的忙，让他找回了大部分材料。此后，他就被困这里，靠德国传教士与英国行政官的施舍，日复一日，月复一月，闷闷不乐地等待官方批准他回国。最终在 1915 年 9 月 24 日，马当（Madang）的指挥官奥格尔维（Ogilvie）中尉告诉他已经获准回国。[24]

图恩瓦却不准备立马回国，相反，他准备在塞皮克河上做最后一次考察。正是这次考察为他赢得了国际声誉。6 月起，他与来自塞皮克河中游的两名向导合作。他们是奥格尔维中尉借调给他的，中尉一直都在帮助他。[25] 这一段等待的时间令人沮丧，但是也让他与向导有了紧密的合作，这一点是和平时代无法企及的。新几内亚的考察主要负责收藏与测量：它必须向其赞助者展示成果，成果的形式则可以是雕塑、头骨、唱片和地图；想到要尽可能多地展示成果，证明赞助者做了一个很好的投资决定，考察团成员倍感压力。他们清楚并抱怨道，在这种奇怪的地方开展工作是急不得的，但是他们又无法控制工作的节奏。战争改变了一切，结束了考察，这使得图恩瓦与他的向导终日坐在一起，就像他自己所说的那样，他们三人来自三个"民族"，操三种语言。最后一次塞皮克河考察，部分上也有其原因：他把一些箱子藏在河边了，他想取回来。他还允诺要带为他提供向导的两人回村子。[26] 叫约鲁巴（Yomba）的，是巴纳罗人，居住在塞皮克河中游的一个小村落里；叫曼那普（Manape）的，来自附近的村子拉蒙伽（Ramunga）。因为图恩瓦描述巴纳罗人的专著使它变成了后来所谓的"礼物交换"领域广受追捧的研究专著，因此，这里有必要看看他如何在日记里详述他前往向导所在的村落。我们可以通过它来评价这一广受追捧的互惠模式的证据。

图恩瓦接到可以自由回国的消息后的四天，他从机修工菲比格的住地安哥卢姆（Angorum）出发，乘坐菲比格的小型机动双桅船，沿塞皮克河逆流而上。经过两天顺利的航行，他们来到曼那普的老家拉姆伽。村民热烈欢迎游子回村，同时也盛情款待了图恩瓦。同天，他们又继续航行，来到约鲁巴所在村落的下方，图恩瓦打算在这里扎营。图恩瓦觉得约鲁巴聪颖、可靠，于是送给他一套白色西装和一顶帽子。约鲁巴回村时，就得意洋洋地穿着这套服装。听到马达声，村民们全副武装，带上长矛、弓箭和棍棒，邀上一些同胞接应，同时准备在必要时付诸武力。约鲁巴待在那里，向气势汹汹的村民解释图恩瓦的来头，不过，约鲁巴穿着西服，村民们起初无法或没有认出他。图恩瓦大概想到——尽管往回看，我们也可以想到恐惧、嫉妒、愤怒等动机，或重新融合等行动，村民们起先不愿认回村的游子。只有等相互碰触了脸颊与额头，他们才准备把他当成自己的一员。尽管他的父亲在一旁哭泣，兄弟在一旁嬉笑，现场的气氛还是有点紧张，家人也还是小心翼翼地接近他。村民也没有放下对图恩瓦的芥蒂。图恩瓦试图针对约鲁巴的父亲及亲戚做些宗谱研究时，就有四个警员（可能是当地的）在一旁护卫，同时还有一些全副武装的村民在一旁盯着他们。当时，图恩瓦想请一些新向导与他同行，却引发了很大的骚动，于是他便放弃这一想法；他试图走近村内，可是没走几步，村民便举起武器，大声叫嚷，使得他只好又回到船上。在河流的上游与下游，他都遇到了同样的抵制；他无法进入巴纳罗人的村庄。图恩瓦的传记作者玛里昂·梅尔克—柯克（Marion Melk-Koch）怀疑他在早期的考察中，从未在巴纳罗人的村庄中待过。总的来说，图恩瓦写关于巴纳罗人的专著，依据的是他与约鲁巴历时几个月的工作以及与巴纳罗村民为期半天的僵局。[27]

　　图恩瓦在萨摩亚和夏威夷短暂逗留之后，于 1915 年 12 月抵达旧金山，很快便与博厄斯的弟子阿弗烈·克鲁伯（Alfred Kroeber）及加州大学伯克利分校的其他学者建立了良好关系。他所写的关于

112

巴纳罗人的英文稿件，刊入美国人类学协会的专题著作系列中，他和加州的一些朋友讨论过这些文章。1917 年，他在回德的途中路过纽约，在这里会见了博厄斯的弟子，也是一位著名的人类学家——罗伯特·路威（Robert Lowie）。图恩瓦回到德国，带着极大的田野考察成果、一本专著以及与美国主流人类学家的友谊。这些都使得他声望大增，认可其成就的时代已经到来了。[28]

他在 6 月中旬抵达柏林后，情势急转直下。战争如火如荼，这使得任何一篇报导人类学家从新几内亚回国的文章都黯然失色，不管这些报道有多么新奇，多么怪异。图恩瓦也卷入了战争及战后的残暴事件。1917 年，他应征入伍，在第二年春天爆发的革命中，他走上街头，镇压战后发生在柏林的革命。1921 年，他又卷入一场反左派的巷战。与此同时，首都的教育与文化局又传出一些丑闻。图恩瓦这时和省法院的一位德国法官的千金订了婚。然而，这时一位冰岛女人却自称是图恩瓦夫人，从雷克雅维克（Reykjavik）写信来打探丈夫的消息。图恩瓦确实与她在哥本哈根结过婚，雪上加霜的是，还发了伪誓，这使得他在 1923 年锒铛入狱。这一年的晚些时候，冰岛的妻子过世了。这使得他可以与他的未婚妻完婚，但是这已无法提升他的声誉。1925 年，柏林大学聘请图恩瓦为教授，但不是终身教授。20 世纪 30 年代早期，他在耶鲁教书，遇到了博厄斯，且与博厄斯有名的弟子——语言人类学家爱德华·萨丕尔（Edward Sapir）过从甚密。这本可成为图恩瓦在美国学术生涯的开端，然而他却在 1936 年选择回到纳粹德国，为纳粹起草方案，试图从非洲的雅利安人身上寻找生存空间（Lebensraum）。战争结束后，他终于受聘为柏林自由大学教授。只是，他在两次世界大战期间的国际名声并没有持续到 1945 年以后。[29]

他走遍了世界三大洲，个人也出现了危机，还参与了镇压战后柏林的街头暴乱，另外还为纳粹政府服务，这些都说明他身处动

乱——尽管如此，他还是写出了大量高品质的学术著作。其中包括
与巴纳罗人有关的专著，共两个版本。图恩瓦的英语版专著以客观　114
的语言，奇妙地剔除了个人感情和当时的战争氛围，详细地分析了
巴纳罗人的社会，逻辑严密，如同钟表一样精准、协调。1921 年，
德语版在一本比较法学期刊上刊登。德语版在描述巴纳罗人的社会
上更全面，材料更丰富。然而，如我们所见，他的分析受到了战争
的冲击、战败与内战的影响。尽管随后的研究纠正了图恩瓦的著作，
也使其文字更为简练、文雅，但是著作的数量还是令人为之侧目。[30]
因为图恩瓦对互惠原理、巴纳罗神圣结构的空间组织及其社会的凝
聚力进行了富有逻辑且又精准的描述，所以不难理解图恩瓦的巴纳
罗人研究对同时代的人所产生的影响。图恩瓦解释说，巴纳罗人
（他统称之为一个部落），居住在四个独立的村落中，每个村落由 3
至 6 户村民组成的"小村庄"构成。每个小村庄都有一个群落结构
或"精灵堂"（goblin hall），居住着邪恶的超自然精灵。图恩瓦将部
落（氏族）定义为小村庄的村民或精灵堂中展现的家族。精灵堂分
为两部分，代表部落的两部分或亲属（图恩瓦的术语）和另外由友
谊仪式团结在一起的血亲。他评论说："精灵堂中的对称布局，是社
会互惠原则在空间上的表现，或是'一报还一报'"；互惠原则不是
地方性的，也不是巴纳罗人所特有的，而是"普遍存在于土著居民
的思想中，他们的社会组织中也有很多这样的表现。"对图恩瓦来
说，互惠不只是"土著民"社会组织中的原则，而是在巴纳罗人的
社会结构中清晰刻画出的人类普遍原则。人类学家在他认为是最简　115
单的社会组织中进行的田野考察，让人想起了在更复杂的文明社会
中继续存在的一些社会原则。[31] 战前至 20 世纪 30 年代的这段时间，
图恩瓦的其他作品充满了种族理论和进化论的观点，他将美拉尼西
亚人放在人类发展的最初阶段。不知为何，在关于巴纳罗人的专著
中，他又排除了生物学观点，转而强调普遍的人类起源与巴纳罗社

会组织—— 它的空间结构就清楚地描绘了这一点—— 的涵义。

图恩瓦著作中最惊人的互惠例子便是该书的主要议题—— 巴纳罗人的性制度。女子向母亲咨询适合自己的男子；图恩瓦强调，这说明了巴纳罗社会的妇女具有相当大的自主权，与欧洲人的刻板印象—— 在土著社会，妇女通常都依附于男性的蛮力—— 恰恰相反。当时，女性需要通过明确的性伙伴关系才能开展生活，这就使得她们与丈夫及丈夫的亲属团结一心：女性在一生中可能会与家公本人或亲戚朋友，与她的丈夫以及丈夫的亲戚朋友有性关系。同样，男性也会与妻子、亲戚朋友的妻子以及媳妇有性关系。[32]因为禁止族内通婚，所以加强巴纳罗社会各分支联系的方式便是这种多重的性关系。这种性交换的目的旨在创造社会稳定："交换系统拥有巨大的社交影响力，因为部落的所有成员通过这种方式相互联系在一起，相互依赖。它表现在不同的仪式中，即人们在仪式上被委派负责特殊的职能。婚姻系统中也一样，这个系统不仅在氏族内，还在部落里布满了各种关系网。"这是个自给自足的独立系统，创造了社会和谐："婚姻条例作为一种保证手段，目的在于确保情感对社会生活不造成干扰；这是因为社会生活依靠于情感与智力之间某种已建立起来的和谐。"图恩瓦通过详细的图表描述了巴纳罗人亲属体系的复杂性，进而证实了这些概括性论断。整本著作明确表达了一个简单的对称系统，使得它像个永动机，独立、不受外界干扰。[33]

很多社会理论学家在 20 世纪早期所思考的功能主义，在图恩瓦对巴纳罗人的早期描述中得到了出色的实践。功能主义似乎源自欧洲人（与北美人）对自身社会的体验，他们将自己的社会看成是民主与官僚化的总体，而个体单位就被融入这个愈发综合、机械的社会整体。"土著"社会似乎提供了一个场所，供人们进行同种分析。土著社会有一个优势，即它们是高度简化的社会，且功能秩序机制将以更清楚的方式出现。特别是互惠原则，它似乎以惊人的预测性，融社会中的个体成一个社会整体。在图恩瓦的分析中，从道德上批判巴纳罗人性行为应该先于理解它，也就是理解这种规范的、受宗教与仪式限制的性交换对克服氏族差异、保持巴纳罗社会统一的有效性。[34]

图恩瓦的功能主义体系逻辑严密。然而，他小心谨慎，避免从功利主义的角度解释巴纳罗社会的行为。他写道："文明人和野蛮人，从来都不是一个在经济上单独的个体，他的愿望、目标受到其他一些与经济范畴无关因素的'干扰'。"图恩瓦继续将文明社会与野蛮社会相提并论，发现欧洲人在论及其他民族时，喜欢将非经济因素称为"偏见"，谈到自己时则用"一些冠冕堂皇的名称"。他不想完全撇开经济动机，因为他觉得丈夫对妻子劳动力的兴趣导致了土著社会体系中婚姻的个体化。[35]然而，从摩尔根、恩格斯（以及他们之前的亚当·斯密）时代到他那个时代，已经发生了明显的转变：他以一种新方式思考社会组织，认为社会组织由地方与因情况而异的价值塑造而成，同时在论及这种因情况而异时，怀疑欧洲社会与非欧洲社会存在差异的真实性。很多划分已经消解，诸如摩尔根对描述制与分类制亲属系统的划分。功能主义不只是苍白的抽象概念（往回看，便很容易这么认为），而是一种穿透欧洲与非欧洲差异、以人们对意义与秩序的共同需求取而代之的方式。

巴纳罗社会的政治轻轻浮出了英国社会的水面。图恩瓦评论说，巴纳罗体系属于老人政治：老人决定战争与和平，管理部落内部的决策；老人的权力源自他们对超自然力量的了解，特别是掌握了能使精灵显现的神秘仪式。在 1921 年的德语译本中，他没有改变亲属分析，但是在战争与革命的背景中，增加了结论部分，探讨了作为政治结构的巴纳罗社会。

结论部分认为，以前的理论家将政治与现代国家的关系看得过于紧密，因此没法提出不具现代国家形态的社会中存在的不同的政治主导形式。现代民族国家中没有什么与老人政治（他给巴纳罗政治体系取的名称）完全对应，或至少可以说，在现代民族国家中，老人的权力与其他法律和社会准则交叉在一起。可是，在巴纳罗宗教、性关系及内外决策中，老人政治占据主导地位。图恩瓦奉劝读者不要以为部落社会不关心政治，而是要拓展自己的国家概念，承认部落到现代权力中心之间存在一定的延续性。[36]

　　图恩瓦有时鼓吹欧洲的文化优越性，有时候又鼓励读者超越偏见。他写道，土著社会体系与欧洲社会体系一样复杂，巴布亚语"非常复杂"，他们的历史也充满各种大事，心理逻辑与"文明"社会的心理逻辑相差无几，尽管可供依靠的经验更为有限。图恩瓦虽然强烈地反对民主政治，他还是强调巴纳罗社会是一个民主社会，社会运作也几乎不需要用到武力；老人控制整个社会，尽管他们没有别的可供使用的手段，靠的只是说服力。如果某人决定脱离某个群体，他/她有这样做的自由，尽管在老人所掌握的巫术以及在个体对村落与氏族的心理、物质依赖的双重影响下说服力强大。图恩瓦在描写巴纳罗妇女时，坚称女性的工作不同于男性，但社会地位绝不低于男性，也绝不是男性的仆从或奴隶。[37]尽管他与巴纳罗人的接触非常有限，不过图恩瓦充分利用了他与信息提供者相处的时间，进而细致地描绘了巴纳罗社会的权力分配。

119　　1919 年，在论巴纳罗人英语版与德语版专著的出版期间，图恩瓦又发表了一篇文章，其中更为明确地指出了他的研究对政治理论的意义。在德国君主政体失败与柏林街头革命流产的背景下，图恩瓦提出了一个问题，即巴布亚的政治组织是否代表了一种共产主义？这篇文章的理论假设使它成为了争论的逻辑起点：他将巴布亚社会描绘成一种最简单的社会模型——他写道，巴布亚社会不一定是一些更先进社会的历史前身，而是最基本的一套可以连成稳定总体的社会关系的范例。[38]最终的结果表明，这种最简单的社会不具有原始共产主义的性质，而是内含各种复杂形式的相互义务，大部分局外人很难注意到这一点。只要体现了共产主义的地方，比如共享的狩猎场所或领地，就是氏族（Sippe）的集体利己主义而非大公无私在发挥作用；当群体集体索要某些资源时，集体就会表达其**政治**意愿。[39]

图恩瓦要么超越了对原子化的个体理性（atomized individual rationality）加以功利性分析，要么不是想当然地认为这是原始的利他主义。他表明，巴纳罗社会中较复杂的安排以礼物形式得到呈现，尽管这个社会也表现出了利益关系，却能把整个社会凝聚在一起。图恩瓦通过从新几内亚的考察中注意到的有关交换的个别示例，逐渐展开了他的礼物分析。的确，我们可以说这是一种封闭的经济，大部分生产与消费都在氏族内部完成。他继续写道，就算是最原始的部落，他们也会与外人交易：沿海地区的陶器、装饰性贝壳等货物交换上游地区的燧石斧、刮刀；用沿海地区的杏仁与熏鱼交换内陆地区的烟草、番薯、西米、猪肉。氏族内部进行交易，村落内部的氏族也进行交易。他注意到交易和礼物赠与密不可分：

120

> 个人或团体外出归来，就会展开交易。如某人被要求放弃某物，那么从道义的立场出发，就需要用某物加以报答。通常来说，这是最初的交易方式。这样的礼物往返，大多数时候没有经过精心计算。对于数量大的物品，就说番薯吧，你可以把每五件堆成一堆，作为对对方每堆物品的要价。如质量或数量不对，你就别动，将东西放着。你更多是采取行动而非靠嘴皮子讨价还价。

这里，图恩瓦带我们进入了村民生活中实际行动的推动力和吸引因素。我们可以预见，外出者历经艰难险阻，带着大量水果、糖

果与贝壳饰品回村时，村民会叫嚷着要求公平分配，但是，他们在
近期或最后还是要拿出一些价值相当的东西来交换。[40]

　　以实物为礼物的交换和以妇女为礼物的交换重叠在一起。同一
个村的氏族通常会在清理完土地、安营扎寨后发展友好关系。他们
通过婚姻中的妇女交换来巩固相互之间的友好关系。图恩瓦写道，
婚姻的复杂管理规则开始有些令人困惑，不过将他们管理婚姻的思
想理解成一个互惠过程，一切也就豁然开朗了。理想的情况下，开
始是新娘嫁入某个氏族，接着便引发新娘的舅舅或表兄弟从这个氏
族娶回个妻子。在巴纳罗社会，盛大的婚庆活动通常包涵礼物交换。
有时，礼物同时还伴有妇女交换，造成两对夫妇同时结婚。随着时
间的推移，互惠关系也会被延长。这是因为氏族规模小，所以可能
需要等一段时间才会有适婚男女供交换；或者为了能立即满足换婚
的要求，也可以娶个童养媳。如童养媳未活到成年，则可以通过礼
物加以代替。这时，在巴纳罗社会交换规则中，礼物与新娘就变得
根本无法区分。[41]番薯、斧子、猪肉、贝壳和妇女在人与人、氏族与
氏族之间进行流通。通过这种有节律的交换，现代社会中被分化的
人与物在此融为一体；对参与交换的双方来说，这种有规律的运动
时而令人沮丧时而让人满意，不过每次交换都把不同的东西融合成
一个社会整体。

　　在图恩瓦对部落社会的解释中，权力与社会凝聚力之间的张力
在世界大战、战败与魏玛共和国成立的大背景下能得到最好的理解。
同时代的人经历过战败后的混乱、德意志帝国的崩溃、社会主义者
与民族主义者的血腥巷战后，公共权力的问题变得普遍，且具有创
伤性。其中最著名的就是，马克斯·韦伯在著名的《政治作为一种
志业》一文中揭露了国家政权下的暴力，他对革命能促使社会不存
在武力的希望嗤之以鼻。[42]图恩瓦以类似的方式否定"部落社会生活
在原始共产主义的状态"——这种没有政治、乌托邦式的和谐是摩

尔根与恩格斯想象出来的；相反，他揭示出像巴纳罗这样的社会拥有权力精英与利益冲突。与此同时，巴纳罗社会形成了一些互惠机制，它们包含冲突，能维持社会的凝聚力，且对他当时的德国及欧洲社会有所启发，因为后者无法维持最基本的公民秩序。图恩瓦超越大部分政治理论家的视域，将目光投向部落社会，深化了对政治的考察。他欣赏巴纳罗社会之间的制约与平衡，而同时代的马林诺夫斯基认为礼物赠与之间存在相互交织的力量和自由，两人不谋而合。

马林诺夫斯基和库拉圈

博厄斯与图恩瓦趋向于用现代方法研究部落社会，这种方法在人类学学科中也已经成为惯例：对传统社群加以直接研究；局限于考察一个地点，将它作为深化生活和学习的基地；调查与分析传统社群的一些制度；在详细地进行更大范围的比较之前，从其自身的角度来理解传统社会。他们在摸索利用这些原则的同时，发展出夸扣特尔和巴纳罗社群与众不同的地方特色。这些民族的文化出奇地独特，但解决了北美与欧洲生活中出现的主要问题，因此它们吸引了千里之外的陌生人。

现代人类学的第三大奠基人是马林诺夫斯基，他因为发扬了现代田野调查法而声名大噪。马林诺夫斯基出生、成长都是在波兰，作为一名人类学家，他的成名地却在英国。和博厄斯、图恩瓦一样，他集中研究一个古代民族的社会：居住在新几内亚东南部群岛上的马辛岛民，特别是特罗布里恩群岛上的居民——他对此做了大量田野调查。像他的同时代人一样，马林诺夫斯基揭示了凭借礼物交换行为维系的权力结构。

马林诺夫斯基给他的未婚妻写信，称自己是"具有条顿文化的西方斯拉夫人。"[43]虽然他出生和受教育的地方是波兰，成名之地是英国，然而如他自己的言辞所揭示的那样，马林诺夫斯基受惠于德意志帝国的学识，这种学识还塑造了博厄斯与图恩瓦。诚然，这不是对马林诺夫斯基思想造成影响的唯一国家因素；他在波兰期间也深受波兰的影响，而他研究的直接学科背景则是英国同事的人类学。马林诺夫斯基自己说熟悉德国文化，这说明他与博厄斯、图恩瓦等同时代人关系亲密。他们每个人都以自己的方式与这一文化构成了局外人的关系。如果说马林诺夫斯基是波兰的天主教徒，他在前往英国的途中接受了德国大学的影响，那么博厄斯就是一位移民至美国的犹太教徒，而三人中唯一一位在德国成名的图恩瓦，他在奥地利出生时信奉天主教，后来改信新教，移居至柏林。初看之下，马林诺夫斯基似乎与德国文化的关系最弱，然而他的田野调查笔记表明与德国文化的关系很深；他伴着土著生活的旋律，哼着施特劳斯的歌剧《玫瑰骑士》（*Der Rosenkavalier*）和瓦格纳的《特里斯坦与伊索尔德》（*Tristan und Isolde*）。德国音乐、哲学和科学成了他的思想伴侣，尽管他想要身在故乡克拉科夫（cracow）的母亲与好友的陪伴。这三位人类学之父关注传统社群时，他们或许普遍关注德意志帝国文化精英中的权力与权威问题。

　　《悲剧的诞生》（1872 年）是尼采第一部影响很广的著作。就读克拉科夫大学时，马林诺夫斯基写了一篇文章，集中探讨了该书的神话观。文章揭示了他在学生时代，努力理解人类任何不能满足对人类世界纯理性的主张，且需要非理性的、凭故事虚构和感觉出来的宇宙面对它。尽管一篇未刊学术论文与成熟的科研成就之间并非泾渭分明，但是马林诺夫斯基稚嫩的思考表明了一种符合他后来地位的一般取向。他能以当时少有的严肃态度，进入土著男女的精神世界，在这个神话般的世界里，土著人将日常活动与遥远时代创始人的故事联系起来。任何活动，如建造独木舟，在欧洲人眼里可能看起来像是欧洲内部运用的技艺一样，但他后来的人类学研究通过经常引用神话故事，将特罗布里恩人的活动赋予了丰富的含义。马林诺夫斯基所谓的英勇的特罗布里恩酋长在尼采的古希腊人中有前身。[44]

1908 年，马林诺夫斯基被授予克拉科夫大学物理学博士学位后，他来到莱比锡大学，听了威廉·冯特（Wilhelm Wundt）与卡尔·毕歇尔的讲座。莱比锡、慕尼黑与柏林大学是德意志帝国最著名的三所大学。马林诺夫斯基在莱比锡大学接触了全新的高度专业化和学科化的训练。尽管如此，就像其传记作者扬格（Michael Young）所强调的那样，马林诺夫斯基在莱比锡期间，可能受到了音乐与爱情的干扰，不过他还见识了这类大型学术机构——它们是 20 世纪研究性大学的国际模范。[45]

毕歇尔的学术研究最终——如果不是立即的话——影响了马林诺夫斯基，让他走上了经济人类学之路，而经济人类学也成了他的专业。后来，他将毕歇尔的原始经济阶段论当作论辩目标，然而毕歇尔以不太明显的方式，为自己的工作提供了方法论。毕歇尔有条不紊且富有想象力地关注工作过程，对于想要超越狭隘的现代生产力概念的人来说，这是个很好的起点。他不断收集经济历史学中的证据，与马林诺夫斯基力求详细的史实构成了一致。特别是，毕歇尔的著作《劳动与节奏》（*Arbeit und Rhythmus*，1896）认为在现代以钟表为准的工作铁盒外，且通过其他措施重新找到了工作秩序：人体、农业与四季的节奏；表示共同努力的游戏意识永远无法简单地看成为生存而斗争。毕歇尔的经济发展阶段论存在局限，可是他的著作包含了对工作及基本价值的文化理解，且他的理解方式具有持久的价值，这就使它有别于功能主义的分析。[46]

1921 年，马林诺夫斯基在题为《特罗布里恩岛民的原始经济》（"The Primitive Economics of the Trobriand Islanders"）一文中宣

告他与毕歇尔分道扬镳。文章批判经济人类学领域以往从理论与经验两方面所开展的工作："取得的成果很小，因为理论作者认真考虑经济问题的程度与经济问题的复杂性、重要性不成比例，且显著的实地考察非常稀少。"马林诺夫斯基的文章发表在一份经济类期刊上，因此他从经济理论的角度探讨这个问题。他质问当代经济应用到"迥异于我们社会的那类社会"的可能性。这就是毕歇尔和英文版《国民经济的起源》（与德文版标题不同）的切入点：

> 卡尔·毕歇尔在《工业革命》中提出了这个问题，且试图为此提供解决之道。我认为他的结论也是失败的，这并非因为不完美的推理或方法，而是因为构成结论所依据的材料存在缺陷。毕歇尔总结道：野蛮人（他将波利尼西亚人等高度发达的种族也包含在内）没有经济组织，即最低等的野蛮人是处在个体寻觅食物的前经济阶段，高级一些的则处在自给自足的家庭经济阶段。

毕歇尔试图将经济行为历史化，这是他的出发点，也是他所批判的做法，因为他认为这样做忽视了"野蛮人"的真实状态及其经济组织。[47]

就像这篇文章所表明的那样，马林诺夫斯基绝对没有放弃以进化论的视角来理解土著社群，也没有用"野蛮人"来描述他们。无论他与毕歇尔的分歧何在，他们在这一点上没有分歧。特罗布里恩人"肯定不是处于较低的原始状态"，但是总的来说，他们可能会被"当作现有的大多数野蛮民族的代表。"他们的发展阶段低到足以将其列为"比波利尼西亚人、大部分北美印第安人、非洲人、印度尼西亚人的文化更不发达。"因此，他们代表了低级"野蛮人"的复杂性："因此，如果能在他们当中找到经济组织的独特形式，那么我们就能可靠地认定甚至在最低级的野蛮人中，也能找到比文献记载中更多与经济利益相关的史实。"马林诺夫斯基的进化概括与图恩瓦的人类学研究之间存在张力。如果马林诺夫斯基只是表明了这些，那么他的论述就没有在 19 世纪前辈的种族理论基础上有所提高。然而，和图恩瓦对巴纳罗人的观察一样，他一旦转向田野调查，陈旧的发展阶段建构就要遭到替代，取而代之的是某种不同的东西——描绘特罗布里恩经济布局的新颖性和复杂性以及试图研究它们的局外人起初不清楚的情况。例如，马林诺夫斯基描述道，他从问土地归谁所有开始进行调查，得到的答案却不一样。他逐渐意识到，他试图理清的所有权体制不同于他在家乡了解到的。园圃巫师，也就是"头沃斯"（Towosi）对个人的小块土地也享有权利：没有巫师在仪式和规划上的帮助，园艺就没法展开。巫师本人也有特别的园圃，称作利沃塔（Leywota），是其他园圃的范本。培育园艺的是辛勤的劳动者，不过他们创造的大量财富用来维持其姐妹家庭的生活，这是特罗布里恩社会中兄长的一般义务。酋长声称也对园圃享有权利：他们收取贡品，展示他们的产品财富，同时抽取一部分以获取贵重物品（vaygu'a）。回答园圃归谁所有这类简单的问题就变成了一堂课，学习特罗布里恩社会中所有权的不同意义。[48]

　　马林诺夫斯基从田野考察回来所写的第一部大型的人类学著作便是《西太平洋上的航海者：美拉尼西亚新几内亚土著之事业及冒险活动》。他在英国时则是从二手文献研究、撰写了一本有关澳大利亚土著居民的著作。对民族志感兴趣的英国学者意识到了马林诺夫斯基不平凡的资质，于是在海内外都有人资助他，他受益于澳大利亚和新几内亚殖民地官员的慷慨援助。马林诺夫斯基完全没有辜负他们的期望。他虽然有些忧郁、自大，在爱情生活上有些复杂，但还是带回了大量材料，在多部著作中以新的方式描述了"土著人"。他将科学调查和个人情感巧妙地结合起来，将读者带入特罗布里恩群岛那个神奇、神话般又貌似可信的世界。

出版于 1922 年的《西太平洋上的航海者》立刻使马林诺夫斯基声名大噪，著作本身也成了现代人类学的经典。它极具吸引力，这部分上与他呈现新兴学科的方法论原则的技巧有关。马林诺夫斯基在开篇就让读者领略了人类学田野调查中一些来之不易的原则。标题和叙事形式也帮了忙。正如许多读者发现的那样，马林诺夫斯基在将读者带入马辛社会上有很大的天赋，以惟妙惟肖的描述方式让读者身临其境。马林诺夫斯基不仅仔细观察，而且善于讲故事。他的岛民是航海者，同时亏得人类学家的引导，读者也成为了航海者，跟随岛民一起经历英勇的航行。他打破了 19 世纪晚期大部分民族志写作——包括博厄斯早期著作——中所使用的静态分类，例如地理、语言、神话、仪式和宗教，用旅行笔记取而代之。旅行笔记为同步构思社会制度提供了空间。[49]

马林诺夫斯基的遗著为其特罗布里恩之行平添了几分戏剧性色彩。他将特罗布里恩田野考察期间所写的日记留在波兰，于 1967 年出版。日记揭示了一个自命不凡的人类学家在波兰的内心生活，他孤独地专注于自己的事业，沉浸在未婚妻、其他女人以及欧洲文化中。日记包括了两个独立的阶段：1914 年 9 月至 1915 年 8 月马林诺夫斯基到特罗布里恩进行田野考察之前对迈鲁岛的研究以及 1917 年 10 月至 1918 年 7 月他待在特罗布里恩群岛的这段时间。在对待岛民的态度上，他以恶言恶语著称。他有意无意在某个地方回应康拉德（Joseph Conrad）的《黑暗之心》（*Heart of Darkness*）时写道：**"消灭这些粗鲁的人。"** 这只是书中对殖民社会的其他民众同样无情的一个方面："我对生活的关注与传教士不同，主要是因为我知道：凡事我都得给钱。这些人自觉得白人有'优越性'，让我感到恶心。我必须承认，英国传教士的工作有一些值得赞许的方面。如果他们是日耳曼人，那必定遭人厌恶。"马林诺夫斯基对自己一样苛刻。日记叙述了他如何每日三省，以抵抗力比多和体格的脆弱性，尝试对一些愉快的事实置之不理，更深层次地认识自己以及由贸易者、传教士、行政官员和土著人组成的周边社会。日记有点像卢梭和尼采的自传体反思，其中既包括了可憎的品性，又涵盖了对自我的无情审视。[50]

马林诺夫斯基在宣泄私人愤怒的同时，还追踪了马辛群岛内部重要的礼物交换制度，即他弘扬的、也是使他闻名于世的库拉圈（kula ring）。他解释说："库拉是一种交换形式，具有地域广泛而在各部落之间进行的特点；它由居住在一大圈海岛、形成了一个封闭循环的众多团体进行。"[51]红色贝壳做成的长项链，称作"索巫拉伐"（soulava），沿着顺时针方向，在群岛内由一个人传给另一个人。白色贝壳做的臂镯叫作"姆瓦利"（mwali）沿着逆时针方向移动。因此这些交换就形成了一个圈，正如马林诺夫斯基的定义所强调的那样，这是一个封闭的整体。整本书共 512 页，马林诺夫斯基在书中带领读者围绕库拉循环做了一次旅行，他有时岔开主题，探讨独木舟的建造、巫术等，然后才回到旅行的主旋律。库拉包含了多层意思。这个主题之前很少有人深入研究，马林诺夫斯基揭示了被认为是原始社会中的一个制度如何具有无穷的意义。不管从田野调查还是从理论家的想象，它都足以批评 19 世纪、20 世纪早期文献轻视地将部落民族看成简单或"原始"社会。马林诺夫斯基和博厄斯、图恩瓦一样，追溯了一系列推动礼物交换主题的权力关系。马林诺夫斯基本可以撰写马辛社会的其他方面，在接下来的一些著作中确实论述到了，可是他围绕一种制度，将进入民族志中的宏大切入点结构化了。这种制度渲染了统治阶级的地位以及它在展现社会辉煌上的技巧。

正如马林诺夫斯基在该书开篇所描述的那样，库拉是"一种贸易体系"，也是"一种经济现象"。马林诺夫斯基在重估经济价值时，还直陈他的目的是将这种贸易体系理解为岛民"精神生活"的一部

130

分。人们在这里想到了博厄斯和图恩瓦对经济与非经济动机的同种综合。转换一种视角，还是在马林诺夫斯基那里，库拉物品的价值看起来与功利主义商品截然不同。岛民出海，不只是为了满足物质需要。"我们发现，野蛮人试图满足某些愿望，获得他应有的价值、施展他的社会抱负。我们发现，他们按照巫术和英雄事迹的传统，向危险又困难的事业进军，受自身罗曼司的诱惑。"马林诺夫斯基说岛民试图"获得他想要的价值"，同时将价值、抱负与"自身罗曼司的诱惑"联系起来时，他不从功利主义角度定义价值，不将价值看做是由生存或愉悦目的决定的。相反，库拉远航者们的想法可能完全不是这样的。巫术以及占有、获得更多的"伐乙古阿"使得岛民冒着生命危险进行史诗般的远航。岛民的动机中包含了罗曼司，然而罗曼司与他们通过实物而实现的"社会抱负"密不可分。岛民展开漫长又危险的航行，并非只是为了财富，而是融合了经济利益、社会抱负和某种想象。[52]

马林诺夫斯基对马辛群岛的游览好像从莫尔兹比港乘游轮出发，慢慢驶离殖民前哨的安全地带。莫尔兹比，殖民地新几内亚（今巴布亚新几内亚独立国）的首都。马辛的疆界"大约在奥兰格里湾（Orangerie Bay）中部"，一直向西北延伸，直到纳尔逊角（Cape Nelson）。他从特罗布里恩的视角出发，大部分时间用来考察基里维纳（Kiriwana）及其周边岛屿。特罗布里恩的主要"地区"是基里维纳，它的语言是这一区域的"通用语"。对马林诺夫斯基而言，这一区域起初就像故事书上描述的那样可怕。他前期在靠近投隆岛（Toulon Island）的地区考察，听说这片土地是巫术和食人生番的故乡，尽管这里确实也有精致的文化，比如雕刻、歌曲和舞蹈。他在冷静地描述海岸南部的当地人时也充满了感情，下述这段滑稽的论述是个顶峰，与标题中古代英雄的形象构成了鲜明对比。"整体而言，第一次与他们接触，给人的印象倒不太像放浪狂暴的野蛮人，而更像自鸣得意、骄傲自满的有资产者。"村里的男性老人统治着基里维纳社会，然而他们的社会又是母系制，妇女享有非常独立的地位，性生活又"非常松散"。基里维纳人是工匠，也是大商贾，他们喜欢"大型宴会，称作'索乙宴'（So'i）"。在马林诺夫斯基笔下，基里维纳的公共生活充满了活力。[53]

　　在马林诺夫斯基的描述中，我们离开基里维纳，开始库拉航行那种人性又自然的冒险时，基里维纳像是个温馨家园。他接下来带领读者向北转，到达多布地区。这是一个人口稠密的岛屿，古时候作为食人生番与猎人头一族的故乡而闻名内外。据马林诺夫斯基说（近期一本专著讨论了他那也已成为人类学知识的描述），多布人较沉闷，但是他们的文化很有特色，他们的语言是通用语，遍布马辛大部分地区，很多地方"都点缀有特别的神话学的意味"，那里的女性扮演着令人敬畏的园圃师和巫师的角色。离开多布，就航向外海了，海里散布着危险的珊瑚礁和沙洲，库拉远航者渐渐靠近弗格森岛（Ferguson Island）东海岸。这里有一块重要的海滩，叫做萨如沃纳（Sarubwoyna）。在这里的适当季节中，就有40—100艘独木舟组成的大船队，停泊在浅水，他们聚集于此，是在为库拉贸易做准备。离开萨如沃纳，马林诺夫斯基和他的远航伙伴在萨纳洛亚岛（Island of Sanaroa）作短暂停留。该岛东边是宽阔的礁湖，"在那里，从多布返航的特罗布里恩人年复一年地打捞珍贵的海菊蛤壳，他们回到家以后，就会把海菊蛤壳加工成红色的圆片，这些圆片成了土著财富中的主要物什之一。"在一些对远航者来说具有神话色彩的小岛停留之后，他们来到了安菲列特群岛（Amphlett Islands），"无论从地理上还是文化上，它都是多布火山地区之海岸部族，与特罗布里恩珊瑚礁群岛之平地部落间相互联系的环节之所在。"像多布人一样，这里的已婚、未婚女子在生活上严守贞操。这里的岛民扮演着多布与特罗布里恩的贸易中间商，从中获利。他们实际上不讨

132

南北两方居民喜欢。马林诺夫斯基尽管用怀疑性的旁白对读者的旅行幻想加以阻止，以显示他是位头脑冷静的科学家，但他在故事中还是叙述了权力、恐怖、竞争、毒药以及热带的美景和友谊，一个神话世界便跃然纸上。[54]

库拉是一种礼仪性的交换，将合作的双方联成一股深厚友谊情感纽带。臂镯、项链的往返是一项高贵的贸易，无休无止。获得"伐乙古阿"的人，有义务围绕群岛、按顺时针或逆时针方向拿它与另一库拉伙伴交易。马林诺夫斯基写道，一项物品完成库拉圈的时间要花上 2—10 年。在马林诺夫斯基之前，一些民族志学者注意到库拉贸易，其中的贸易者有更多机会观察到它，而马林诺夫斯基本人慢慢地才注意到这一交易，但是只有他意识到这种交易挑战了传统欧洲对交换的看法，或者更确切地说，这种交易使欧洲人充分意识到一些与其自身社会形式不同的价值和交换。库拉关联到地位、声望，毫无实用性物品也体现了一些社会价值，因此，库拉成了人人钦羡之物。[55]

尽管马林诺夫斯基的语言有些种族化，他还是用库拉消解了野蛮人和文明人双方的一些主导概念。他指出，欧洲人的流行观念是将土著贸易当作易货贸易的一种形式，拿有用的物品出来交换，且没有什么礼仪或规则，也就是说，这是现代市场交换的不成熟形式。他写道："我们不得不认识清楚，库拉几乎每一点都与上述'野蛮人交易'定义发生矛盾。"恰好相反，库拉植根于神话之中，受法律规范，围绕巫术礼仪进行。库拉交易都是公开的，按照明确的礼仪规则进行。库拉是一种社会制度，创造了一个巨大的关系网，覆盖着马辛群岛。"在社会学意义上，尽管交易在不同语言、文化，甚至不同种族的部落之间进行，但它还是以固定而永久的状况，以数以千计的个人搭配成伙伴关系为基础的。"这一系列交易并非全部都是一般商贸意义上的贸易，然而它们关联到社会地位的争夺，这种争夺遍及马辛地区的各个社会。参与库拉圈要涉及多方面的探索，它们与经济、政治、社会和宗教相连。这不是说岛民不懂贸易，而是伴随着酋长或其他权贵人士之间进行高尚的、与统治相关的库拉交换，"金姆瓦利"即日常的易货贸易也在进行着，只不过岛民们鄙视这种易货贸易。岛民们和欧洲人一样，都非常复杂，掌握不止一种联系彼此的方法。[56]

马林诺夫斯基试图引导读者将欧洲的贸易与库拉进行比较。欧洲人也有其"伐乙古阿"，尽管时间联系上不一样。库拉所有者迟早都要放弃他们的珍贵物品，欧洲人则可以世世代代保存它们。因此，皇冠应该永远为王室成员拥有，这就与库拉圈永远流通的贵重物品形成对比。[57]当然，这种差异也不像马林诺夫斯基所想的那样绝对。皇冠不得流通，与某个朝代的特殊身份相关，是贵重物品中的极端例子。随着时间的推移，它们偶尔也可以流通，证明所谓永远不得流通的幻象是错误的。它们流通，就获得了此前其王室拥有者所享的那种声誉。库拉物品也适用这一点：他们渴求某些物品，不仅是因为其美观，而且因为其声誉——它们此前为达官显贵所拥有。

下面是与欧洲社会的进一步比较。库拉土著和欧洲人一样喜欢占有。不过他们将占有与慷慨联系起来："最重要的一点便是，他们拥有是为了赠与——在这一方面土著人与我们显然不同。"赠与不只是赠与实际的等价物品、私人的"金姆瓦利"或商业交易，而是一种个人品质的体现：

135

> 一个人拥有一件东西之后，自然就会被期望把那件东西拿出来与大家一起分享，分发给大家，将此物的拥有者当作受托人与保管者。地位越高则义务越大。……吝啬是一种最令人鄙视的罪恶，事实上这也是唯一一件令土著人作出道德判断的事情，而慷慨则会被视为善良之精髓。……这样，在库拉事务上，

土著人道德准则的基本原则，就能够使一个男子在库拉交易中克尽公平。更为重要的是，他更渴望炫耀自己的慷慨大方。位高任重（Noblesse oblige）便是调整、管理他们行为的社会规范。[58]

在这一点上，马林诺夫斯基消解了作为管理个人行为之标准的功利主义模式，取而代之的是另一种不同于传统欧洲的标准，即表面上的慷慨大方与无私奉献是社会等级的标志。事实上，特罗布里恩整个生活的道德秩序都依赖于自愿展示这种个人的高贵品质，同时还有一些赠与的手段。他们对截留库拉物品没有官方规范的处罚措施，不过有相当严厉的社会处罚措施，例如失去声望、激怒库拉伙伴。也有超自然的惩罚：被抛弃的伙伴可能寻求巫师的帮助，搞垮没有按规矩赠与的人。参与库拉圈，有点像欧洲的狩猎或打马球，是一种昂贵的、非功利主义的活动，也并非是无意义的活动。在这两个例子中，奢华又惹人注目的消费加强了高贵效应以及赠与者的权力和威望，同时由于权力方面的原因，人们必须实现社会期待。

马林诺夫斯基的整个描述都在关注礼物赠与，这里就不仅仅指对库拉圈的描述，还包括对其他土著交换形式的描述。礼物创造盟约的精彩案例便是他所描述的外出库拉远航的船主及其眷属或"仆人"（马林诺夫斯基的说法）。马林诺夫斯基详细描述了远航者即将出海时给仆人分配礼物的情形：火烤活猪，然后切成块；船主即"图利巫伐拉库"（tovi-uvalaku）提供了一大堆番薯、芋头、椰子、甘蔗、熟香蕉和槟榔串，他现在要分配给那些航行的伙伴。马林诺夫斯基注意到了礼物赠与网络的复杂性："实际上，如果我们想要搞清楚与这样一次分配相关的所有礼物与供品的来龙去脉，就会发现已经陷入了一个错综复杂的网络之中，即便以前章节中冗长的叙述，也不能够说得完全与事实相符。"《西太平洋上的航海者》中多次买卖物品的往来，包含了多层涵义，是摩尔根在他的田野笔记中可以描述却无法理解的。[59]

在先前的章节与结论中，马林诺夫斯基将库拉圈的研究放在自由主义和共产主义理论中间，总体批判了从现代社会看待部族社会的观点。他在考察土著的经济交换形式时，反对他所说的这两种主流观点。一种观点认为，当地人是严格的功利主义者，他们在自给自足的家庭下生产一切，不用为交换而操心。马林诺夫斯基明摆着说，这是毕歇尔的看法。另一种看法是，他们大公无私，生活在共产主义经济中。就像图恩瓦在讨论原始共产主义时说的那样，这是摩尔根和恩格斯的看法，不过马林诺夫斯基没有直说。在俄国十月革命之后的岁月里，原始共产主义话题与当代关联密切。马林诺夫斯基认为，这两种看法完全是错的。他不仅通过相反的论证，而且通过讨论当地实际的交换形式来驳斥它们。马辛地区的岛民们几乎展现了所有的经济行为，因为他们将非功利的含义，例如巫术的、礼仪的或神话的含义附加于其上。他们不是无私的共产主义者，因为他们在赠与之后，希望某种回报。他们的交换形式多种多样，与各种社会关系完全交织在一起。这里有家庭内部关系，尤其是父子关系：在这种母系社会里，父亲对于子女来说是外人，要用礼物来培养与孩子的感情。这里也有亲戚关系，尤其是丈夫与他的女性亲戚、姐妹的男性姻亲的关系，也有氏族和村落的关系，还有受库拉规范的友谊以及"金姆瓦利"或易货贸易。换句话说，马辛地区的岛民们享有复杂多样的贸易伙伴，同时建立了各种联盟，远不是19世纪土著生活的记录者所想的那样。写了五百页后，马林诺夫斯基在结论部分批判了当时流行的"原始人的经济性质"的观念。他们"受人类利益的支配，在经济观念上区分出自由主义—功利主义和社会主义—唯物主义。"《西太平洋上的航海者》以预料走向马林诺夫斯基时代的经济人类学世纪而告终。马辛社会及其库拉圈——地球偏远角落的奇妙礼仪——的独特性是一些新方法和结论的起点，改变了欧洲人思考久远民族和自身的方式。[60]

马林诺夫斯基在鉴赏传统社群的政治上，采取了不同于博厄斯和图恩瓦的方式。马林诺夫斯基勾勒了传统社群如何使用一系列相互责任，将个体成员融为一个集体。他注意到，特罗布里恩是美拉尼西亚社会，等级制度森严。他反复思考等级制度的差异格局，以揭示它如何通过奢侈地炫耀食物或收受库拉伙伴的"伐乙古阿"来强化酋长的权力。正如他在后来几年所写的那样，特罗布里恩人是利己主义者，他们不介意逃避社会契约，不过不管是共同拥有船只，还是内陆与海岸社会蔬菜食品和海鲜的交换，他们的社会都有效地引导他们将精力放在互惠关系上。礼物中尤其体现了权力："在礼物赠与、分配剩余财富方面，他们感觉到了权力的作用以及个人品性的放大。"[61]马林诺夫斯基的早期杰作和他对马辛地区岛民的持续反思，都包含了一种深刻而人性化的启示，即特罗布里恩是一个既让人熟悉又令人陌生的社会，它的神话、巫术以及园圃和库拉航行，是追求权力与社会认可的方式，关于这一点，欧洲人在自身的过去和现在中仍依稀可辨。

博厄斯、图恩瓦和马林诺夫斯基致力于界定部族交换的形式，这种形式挑战了西方利己主义和大公无私社会的两种实用观。相反，他们的礼物赠与范式指出了一些观念，这些观念有时冒犯了欧洲道德，但在高尚和慷慨大方上又胜过它。他们三者都分析了社会内部的权力关系，权力关系又使礼物赠与不仅成了个人情感的表现，而且成了创造、强化社会团结的手段。他们的思想成就内含在厚重的研究中，而这些研究接近三个不同社会的基础。同时他们的成就还融入到莫斯对礼物清晰又广泛的综合论述中。

第五章　马塞尔·莫斯和全球化的礼物

在礼物赠与上，礼物交换的发现者没有显示特别的才能。在田野考察过程中，为了得到信息和古文物，人类学的那些奠基者更倾向于支付现金或当地的货币等价物。为了得到西北部印第安人的古文物和乔治·亨特的帮助，博厄斯支付了现金。图恩瓦强调要规避礼物，同时与当地的助手保持商业化的关系，他将一套西服送给信息提供者巴纳罗人约鲁巴时，就把事情弄糟了。马林诺夫斯基与岛上居民讨价还价，像观光客那样担心他被骗。像众多商业交易那样，不带感情色彩的计算可能与友情或礼物交换的其他动机交杂在一起。然而，人类学家不反思他们从事贸易的方式，也不反思他们在进入礼物网络后，能否获得更多东西。

与一个世纪前黑斯廷斯在印度不一样，他们对礼物交换在其生活中的地位不那么敏感。他们不像 18 世纪的前辈那样，生活在欧洲的礼物关系中，当时的礼物就像空气一样不可或缺。在 19 世纪晚期和 20 世纪早期的现代社会，商业交易变得自然又充分。他们遇到礼物交换体系时将它当成了异国事物。因此，马林诺夫斯基试图向读者清楚说明库拉圈时，他必须找到大量有关皇家宝物的陈腐例子——这是在面临将俄国、奥地利和日耳曼君主制变成活生生记忆的世界战争到来之前作出的一种特殊选择。[1]准确地说，因为他们的社会对互惠的礼物赠与是如此陌生，所以他们将之当作需要理论化的难题来处理。

马塞尔·莫斯在许多重要方面都有别于他们。莫斯在 1925 年出版《论礼物》之前，没有游历过非西方社会。他的见解并非源于沉浸在异域文化中。相反，他处在融合了亲情、友情的思想环境中，且秉承礼物交换的精神从事创作。他在互惠性上的个人经历强化了他在战后的政治理念，就是说在资本主义和共产主义，利己主义和无私奉献的两极之间走社会民主主义的中间道路，我们应该承认是这一点使他走向礼物。莫斯受一战的影响，将个人的气质和政治信仰融入自己的杰出论述里，从欧洲和太平洋传统社群中重新找到了人类团结的方法。

礼物共同体：莫斯和涂尔干学派

马塞尔·莫斯处在 20 世纪之交法兰西共和国的礼物网络中。这种网络的复杂程度可以与马林诺夫斯基或博厄斯描述的贝壳念珠流通或毛毯交换相媲美。这种起初作为家庭互助的习俗（他后来称之为"我们的家庭共产主义"），后来变成了 20 世纪最重要的科学事业之一，即围绕埃米尔·涂尔干组成的合作圈中最典型的风格。[2] 莫斯不仅仅因为一时兴起，战后的政治挑战，或者说因为他积累了大量民族志方面有关礼物实践的证据才论述礼物，而且还因为他的个人经历和职业经历——它们可以回溯到他父母、家庭和学生岁月。

当代礼物网络的创始者是埃米尔·涂尔干。涂尔干，莫斯的舅舅，现代社会学的主要缔造者。莫斯，涂尔干的姐姐罗西纳（Rosine）的儿子。在他的家乡，也就是洛林大区埃皮纳勒（Épinal）紧密的犹太人社群中，姐弟两家关系甚为密切。莫斯在

141

1890 年进入波尔多大学时，涂尔干是那里的教授，精心地观察外甥的教育情况，且将他引荐给两位同事。五年后，莫斯去巴黎完成他的博士学位时，成了涂尔干研究《自杀论》的助手，用他自己的方式对 26 000 起自杀进行分类。1897 年，他成了涂尔干的助手，帮忙创办了《社会学年鉴》（*L'Année Sociologique*）。《社会学年鉴》在接下来的 1898 年得到发行。涂尔干还挑选聪明的年轻人，让他们成为合作者且接受一些书评的写作任务，从而使这本杂志成为社会科学领域内的权威之一。[3]

涂尔干是个傲慢的导师。某个时候，深情的信件变得尖酸刻薄，涂尔干开始对莫斯声色俱厉。1902 年 6 月，涂尔干训斥莫斯滥用他父亲留下的财产（这一冲突与莫斯在经济上资助一个烘焙合伙企业有关）。1906 年 9 月，涂尔干写信给莫斯，对他大加训斥，因为他瞒着涂尔干前往俄国旅行。莫斯在让·饶勒斯（Jean Jaurès）的促动下前往俄国。饶勒斯，一个伟大的社会主义政治家，和涂尔干也很友好。这封信函令人毛骨悚然。涂尔干写道："这是你的新信件。它是混乱、不连贯的典型。"他继续抱怨，说莫斯曾经答应过退出政界，可是竟一而再再而三地涉入其中："你伤害我们，你折磨我，是因为你一点也不谦逊。你在任何工作中都不踌躇……你即将去俄国待 14 天，你连俄语都不懂，就想写一篇关于俄国的文章！你的科学方法没有大声喧嚷，说你的这一举动荒唐至极？"莫斯有时被认为是涂尔干的忠实弟子，现实的情况则要复杂得多，即善意却令人窒息的涂尔干和决定保持政治与思想自主性的莫斯之间有了冲突。[4]

1917 年涂尔干去世后，在构思《论礼物》的岁月里，莫斯没有提及这段家长作风和反抗的故事，反而申明始终忠于涂尔干及其学派。他在 1930 年写作的、作为成功入选法兰西学院教席一部分的自传性概述中，宣称自己学术生涯的组织原则是合作。"我与一个学派

142

的实践密不可分。如果存在个性，那么它已淹没在自愿的非人格主义当中。作为团队共同合作的意识，认为合作是自称原创研究的砝码：可能这一点描述了我的整个科学生涯，现在也许比以往更加明确。"[5]这里暗示了他过去在某些时候没完全忠于这一集体原则，不过他强调这是 19 世纪 90 年代早期到 1914 年富有成效年代里所得到的教训，合作在那时是社会学中一个全新又成功的学派的特点。莫斯的个人和职业动机密不可分。《社会学年鉴》工作的集体性质与他的教养和社会主义政治相符。正如莫斯在他的自传性概述中所描绘的那样，这也有思想方面的理由，因为它创造了前所未有的高品质的社会学。莫斯的描述包含了一种张力，即个人与集体，自我奉献与严格审查之间的张力。

莫斯对礼物的论述展现了集体奉献和自作主张这种双重原则。他将它当作努力复活遭毁坏的战前集体事业的一部分。战后，随着涂尔干去世和一些合作者在战争中离散，莫斯担负起了领导的重任。尽管他在战时服兵役，即他在 1914 年 9 月，也就是 43 岁时自愿参军，一直持续到战争结束，以及战后一场疾病困扰了他一年半，莫斯还是把一项他认为是主要工作的项目，即有关民族主义的研究放在了后面。[6]相反，他开始编辑和出版涂尔干和其他人未竟的遗作。即使在 20 年代中期最辉煌的岁月里，重任仍然没有消失。他承担起复刊战前涂尔干学派的杂志即《社会学年鉴》的任务。几乎没有时间、金钱、人员，也很少有幸存者来保证能按战前的风格来继续这一事业。[7]可是莫斯推进了这一工作，在保持杂志领导权的同时还成立了一个编委会。新系列的第一卷标明的日期是 1923—1924 年，不过出版于 1925 年。第一卷是纪念他的思想共同体，根据莫斯的设计来安排稿件，且包含了唯一的一篇学术论文《论礼物：古代社会交换的形式和依据》。

我们看待当时的《论礼物》，仍然有必要将它看作是《社会学年鉴》的一部分。它的出版意义绝非偶然。《论礼物》是一本真正互文性的著作，独立又永恒地在与其周围的作者群和思想运动交流。[8]

我们可以从扉页看出莫斯、涂尔干及其合作者之间的相互影响。《社会学年鉴》由已故的涂尔干创建，编辑委员会有五人，打头阵的是莫斯。杂志还列了其他 29 名合作者。涂尔干的大幅照片占据了杂志的扉页，总主编则是莫斯。这一卷的其他部分仍然关联到莫斯及其合作者，包括那些在世和已故的合作者。莫斯的导言之后，只有两篇原创的稿件，都是莫斯写的：一篇是《颂词》（"In Memoriam"），颂扬 1914 年以来去世的那些人，另一篇是《论礼物》。前 29 页是序文，著名的《论礼物》共有 150 多页，在第 186 页结束。其他大部分是书评，有一些是单列标题，有一些是详细评论，一直到 979 页；许多是由莫斯本人写的。这部分相当于概述了 1923 年 7 月到 1924年 7 月出现的、莫斯称为重要的社会学著作。相比现在，当时"社会学"一词的含义更为广泛。评论包含了人们今天可以称作人类学、法学研究、哲学、政治科学、经济学、犯罪学、语言学、宗教研究和历史的广泛著作，它们一起构成了莫斯所处时代社会科学的概况。因此，他对礼物的论述实际上就处于两种语境之间。表面上是涂尔干学派，背后是 1923—1924 年的人文科学；表面上看，莫斯在评价那时的思想共同体及其成就和未竟之业，深一层看，他在勇敢地批评同行学派。在对礼物的论述上，他通过引用其他学者和树立社会学研究典范的方式，推进了与那些合作者和同时代的人的对话。[9]

145

我们可以通过莫斯的评论，从当时的国际学术背景来看他对礼物的论述。他写了约 96 篇书评，有些只有几行文字，其他的则是大段或整页的评述。[10]他所论述著作的范围包括人种学、民族志、社会心理学、进化论、文明理念、种族理论、宗教哲学、社会学、部落宗教、巫术、礼仪、神话学、法律、部落艺术和音乐；包括英国、美国、法国、德国、荷兰和意大利的学术；对中世纪以来的欧洲、古典、古印度、土著的北美洲、澳大利亚、火地岛、婆罗洲、马来西亚、巴西、中非、苏丹、尼日利亚、黄金海岸、高加索、巴厘岛、夏威夷和古以色列，通常也是有所专攻。他在写《论礼物》时，确实是非常广泛地掌握了当时相关的社会科学。《论礼物》在某种程度上是有意识地全面涵盖 20 世纪 20 年代早期欧美社会科学中可资利用的经验资源和概念资源。

　　莫斯的序言和颂词贯穿了一个主题，即生者对死者的义务。首先，有义务记住和公开宣告死者的姓名，其中第一个便是涂尔干，莫斯在序言开篇称他为杂志的创办者。虽然他们在生活中有诸多争辩，但是莫斯尊敬他的舅舅，同时涂尔干的名字和莫斯对他的学术责任重现于两篇稿件的开头。莫斯在解释重刊杂志时，再次在序言的开篇写道："我们认为，如果我们得到必要的资助，我们的重要责任是重新回到这种谦逊的、不具名的、客观的工作中。"《颂词》用葬礼演说的悲情和信念写成，陈述了涂尔干的创刊原则、他对创刊原则的坚持以及对创刊原则所提出的要求。他强调，杂志通常是一个群体的客观工作。因此，涂尔干通常这样考虑，莫斯也这样写道，重点强调 1914 年以来去世的 11 位合作者，总结他们的功业和遗志，以作为通往冲突和失落年代的桥梁。莫斯通篇表露出悲悼的痕迹，其目的却在于总结已故同仁的工作以给他们正名，并以此确保杂志从战前到战后的连续性。莫斯还试图通过这些简单的描述，证明已故同仁之事业的集体性。他们的成就不是孤立的学术工作，而是相互联系的整体工作中的组成部分。这样，从某种意义上说，莫斯的目标就如他理解的那样科学而客观，证明了某种科学的持续合法性和创新性，这种科学创立于战前，半途遭到中断了，现在又在中断的地方重新出发。莫斯清楚地阐述道，他所肩负的重任缘起于生者的共同体和他称为英雄和受人敬仰的死者："本着衷心纪念涂尔干及所有已故同仁的精神，我们仍与他们思想一致，与他们一样相信我们的科学是有用的，认为通过我们的科学，人是可以完美的，我们与他们的想法保持一致，超越生死，我们全力以赴、全心全意地重新捡起我们从未放弃的事业。"莫斯对礼物的论述出现于《社会学年鉴》的特刊中，他在这里试图以回忆和保证复兴的行动作为反例，回应战争的创伤。[11]

莫斯对礼物的论述出现于复刊的《社会学年鉴》，它本身就制定了与他同时代的人的许多礼物关系。杂志的序文和颂词中描述了他受惠于法国同仁，而法国同仁也在这篇论文中得到了慷慨的回报。那些给予他学术帮助的英国和美国朋友也同样得到了慷慨回报。他以夸富宴的热情上演了一出类似的戏剧，承认自己所汲取的学术财富，同时报之以一篇可以与先贤的贡献相媲美甚至可能超过先贤之贡献的论文。

他受惠于法国学术圈。他作品的一个渊源便是莫里斯·卡恩（Maurice Cahen）的学术贡献。莫斯在开篇就引用了一篇铭文，出自斯堪的纳维亚的早期诗集《阿瓦马勒》（*Havamal*）。他引用的这几行诗呼唤人们慷慨地对待客人，同时劝告人们进行回报，诗中将礼物赠与和"高贵而勇敢的人"联系起来，与他们相对的是懦夫，他们"害怕一切"，守财奴"总是害怕礼物"。卡恩为莫斯翻译了这几节诗。卡恩还写了一部与礼物密切相关的专著，研究10世纪斯堪的纳维亚社会的奠酒祭神仪式及其在将社会群体团结神圣化上的作用。这里，我们看到莫斯转向礼物时，强调献祭仪式的一个来源，这种仪式展现且肯定社会作为一个整体的统一性。同时卡恩从中世纪斯堪的纳维亚推导出一些行为方式，这些方式可以与莫斯在大洋洲中所发现的礼物规则相媲美，进而将涂尔干派的见解历史化。[12]

莫斯将他与乔治·戴维（Georges Davy）合作的事实告诉读

148 者——谦虚地称他的论文是"戴维和我长期以来从事一系列研究的
一部分"——且在脚注中承认受到了戴维于 1922 年出版的《誓守的
信仰》（*La Foi jurée*）（非常接近莫斯的论述）的影响。戴维的著作
实际上与莫斯的论述有着惊人的重叠之处。戴维在书中分析了从社
会义务早期形式中兴起的现代司法契约。社会义务始于通过血缘定
义的家庭，然后经过创建家人之间相互义务的婚姻关系和男性领导
的封建集权。戴维和莫斯使用了相同的理论词汇：他也将夸富宴当
作普遍的交换形式，且称它为"义务的恩惠（礼物）交换"。莫斯论
文中突出的总体社会制度概念，也是出自《誓守的信仰》，他在结论
中就回顾了"一个人的身份地位所要求的复杂与总体的义务网络，
当一个人为人父母或身份地位发生变化时就需要在氏族之间进行交
换礼物（给予）。"两人论述的方式是如此接近，以至人们惊讶为何
莫斯的著作能成为经典而戴维的著作却遭人遗忘。毕竟，除了其他
方面，莫斯也试图解释义务法律形式的社会学前史。戴维那里还有
一些东西，有助于解释人们为何给予他们不同的反应。戴维是个纯
理论家，信守 19 世纪中期的观点，认为人类社会是从母系社会转变
到父系社会的，且总体上说他是写了一部进化史，而非像莫斯那样
写社会制度史；戴维的著作像社会人类学家，试图避而不谈孤立的
争论。进化论背景在莫斯的礼物观念中更多是附带性的，而当他的
继任者在礼物中发现一种灵活的观念，且这种观念能适应不同时空
中的经验证据时，就可以摆脱进化论的背景。[13]

149   莫斯是个世界性的思想家，绝不是仅探索自己所在的语种或社
会，而是跨越地区、国家和文化，广泛阅读，与人广泛交流。他与
那个时代的英国人过从甚密：从 1897 年莫斯作为学生访问英国开始，
互访使莫斯建立并强化了一些友谊，在《论礼物》出版之前的岁月
里，莫斯与英国人结下了深厚的友谊。他对詹姆斯·弗雷泽，即名
著《金枝》（*The Golden Bough*）的作者，产生了持久的兴趣。1922

年末，莫斯给弗雷泽夫妇寄了一篇谈论色雷斯人的论文，正如他用不太纯正的英语谦逊地说："这是系列研究的一部分，到目前为止在某种程度上说是成功的。"这里讨论的就是莫斯的研究，它在《论礼物》中达到顶峰，而对色雷斯人的论述则是莫斯研究的重要序曲。《论礼物》选取美拉尼西亚与太平洋西北部地区来勾勒礼物的逻辑，批评实物交易的自然经济观念，同时指出婚姻是重要的交换方式之一，而家族或氏族便是通过婚姻结成联盟的。他写道，迄今为止，他试图在印欧世界寻找类似情况的努力毫无成效。然而，他现在在色雷斯人那里找到了总体义务的体系，且该体系具有夸富宴的特殊性征，因为色雷斯人的礼物也是需要归还的，同时还得另付利息。在莫斯看来，这表明古代实践中就包含了礼物交换，而古典主义时期文明的雅典人却无法理解这种做法。弗雷泽夫妇在半年后，也就是 1923 年 5 月拜访了莫斯[14]，收到该篇论文后，他们便可清楚地了解莫斯当时正在忙于何事。

　　莫斯没有机会在《论礼物》中提及弗雷泽的著作，正是因为《金枝》没有提到礼物赠与的话题。[15]莫斯的朋友圈中也有一些年轻有为的英国社会学家，只是他很少或没有机会向读者推介他们。埃文思—普里查德（E. E. Evans-Pritchard）完全没有出现，虽然马林诺夫斯基高度评价他的作品。《论礼物》只有一次顺带提到了塞里格曼（C. G. Seligman），尽管莫斯与他们夫妇的关系甚为密切。这仅仅因为他的著作与《西太平洋上的航海者》相比，与礼物赠与的关系不大。《西太平洋上的航海者》是莫斯在论文中持续对话的对象，虽然他对马林诺夫斯基不以为然。《论礼物》是一部学术著作，而非一次颁奖典礼，莫斯按照他所讨论的主题逻辑来进行论述。

　　有些时候，友谊与学术重叠，莫斯特别关注阿瑟·拉德克利夫—布朗（Arthur Radcliffe - Brown）的著作就是例子。1924 年 12

月，他给拉德克利夫—布朗写道，说他可能在 3 月至 5 月陆续收到
《社会学年鉴》的几期刊物。莫斯对无法列入评论拉德克利夫—布朗
《安达曼岛人》（*The Andaman Islanders*）的文章表示歉意，因为只
有刊于 1923—1924 年的作品才能列入（《安达曼岛人》出版于 1922
年）。不过，莫斯答应在他对赠与义务的论述（《论礼物》第一章）
中加入对该书的讨论。他终于在第二章开篇部分即"慷慨大方的诸
准则：安达曼群岛"引入了拉德克利夫—布朗的著作。莫斯在这里
可以充分利用两条来自拉德克利夫—布朗的引述，说礼物不像商
品，礼物可以实现培养友谊和展示慷慨的道德目的。这两则引述
与莫斯对礼物的构想不合，因为它们谈论的是一些通过充满私人
情感的交换而深化社会契约的个体，不过对莫斯来说，重要的是
揭示礼物交换在多大程度上代表了社会群体间的交换。然而，拉
德克利夫—布朗的论述展示了世界上其他一些国家和地区的送礼
习俗，因此增加了莫斯论据的广度和说服力。正如卡恩和戴维那
样，人们再次发现莫斯的礼物概念融合了他所处历史时期的众多
学术作品中的例子。尽管莫斯识别出了礼物赠与的普遍意义且将
一些思想碎片融合成一个影响深远的观念[16]，但是当代许多观察者
仍然着迷于礼物赠与，且对此展开了一些讨论。莫斯与其他社会
科学家进行交流，在对礼物的论述中充分认可而又批判性地借用
他们的成果，将知性友谊（intellectual friendship）中的意见交换变
成他学术方法的一部分。

大洋洲、美洲西北岸和欧洲的礼物人类学

莫斯和同时代的人类学家并非 20 世纪早期探索礼物的唯一一群
学者。毕歇尔后期对礼物赠与的论述是一种暗示，暗示其他一些人
也在探索一些潜在的文明习俗，正是这些习俗将无数个体团结成一

个社会。另一个对礼物加以观察的是哲学家、社会学家乔治·西美尔（Georg Simmel）。西美尔指出，感激作为一种互惠形式，在现代社会中具有持久的重要性。不过，这类思想家和莫斯还是有所差别，即前者将不对称礼物的兴起看作是一种进步，标志着人类开始迈向现代欧洲文明中高雅的伦理意识（refined ethical sense）。相反，莫斯将现代欧洲人继续关注的互惠性礼物赠与看作是真正又完整的礼物形式。莫斯和人类学的奠基者之间也存在差异，即后者以异常严肃的态度研究礼物交换，且通过类比的手法来让人们理解礼物交换，例如，马林诺夫斯基就将贵重物品比作王冠，可是他们又将礼物交换与自身所处的社会分离开来。相反，莫斯强调礼物对他同时代的人起着重要作用，同时强烈要求自觉承认并阐释礼物的作用。莫斯开辟的礼物话题，能够横跨不同的时空。[17]

152

　　莫斯的书中讨论的地域集中在太平洋沿岸的三个边远文化（地区）。波利尼西亚、美拉尼西亚和太平洋西北岸是主要范例，这些社会有送礼、收礼和还礼的义务。他认为这三个区域同属太平洋文化，尽管莫斯没有思考其共性的缘起。在他将这些区域与理论范畴松散地搭配起来时，我们可以追随他的脚步，沿着太平洋环顾四周，看到这些区域给他提出的理论问题。

　　他先从最不看好的个案波利尼西亚开始。莫斯写道，他在很长一段时间都没有取得进展，因为那里的礼物交换习俗已得到了充分的评论和理论化，并被用来解释其他地方的习俗。虽然莫斯不是按着前人的路数来进行研究的，但人们还是可以说，就波利尼西亚的研究而言，马林诺夫斯基或博厄斯没有为莫斯提供一幅现成的地图。于是，他必须自己搜集证据，其中大部分来自旅行者和传教士的记录。他能这样操作在理论上是成功的，因为他依照理论假设，用文献证明了萨摩亚和新西兰等地的送礼习俗。这也是世界性阅读的成功。目前为止，关于波利尼西亚的主要资料是用英文写成的，当然也有一些是用法文、少量用德文写成的。后续的学者怀疑并修正了莫斯的一些主张，然而他们还是很欣赏莫斯，认为他的观点有预测性。[18]他在这一章的这一节中罗列了全书的一些基本观念，例如存在送礼、收礼和还礼三重义务；礼物是巫术、宗教上的投资；婚礼是礼物赠与的典型场所；社会中的一切都可以成为礼物赠与体系中的一部分；人类将礼物经济延伸至他们的上帝。与美拉尼西亚或太平洋西北部相比，波利尼西亚的礼物交换受到较少的关注，莫斯在这一章中揭示出波利尼西亚也流行送礼。[19]

至于美拉尼西亚，图恩瓦、拉德克利夫—布朗等英国和德国人类学家所作的研究，给莫斯做好了铺垫。可是他在美拉尼西亚上的主要指南是马林诺夫斯基及其在《西太平洋上的航海者》中对礼物赠与的描述。莫斯与马林诺夫斯基维持礼貌的同行关系，可是私下里又觉得马氏有些令人讨厌。当他的英国同事抱怨马林诺夫斯基，说马氏专横且不可靠时，莫斯也表示深有同感。莫斯还认为马林诺夫斯基是个相当天真的理论家。即便如此，他还是承认马林诺夫斯基的重要性，称赞他的著作显示了"一个真正的社会学家的出众视野"。[20]

马林诺夫斯基对库拉的描述为莫斯的礼物理论提供了理想的资料。莫斯强调，库拉贸易描述了一个大圈子。这一点很重要，因为它使莫斯超越了从波利尼西亚引申出的礼物赠与描述。在马辛岛屿内部的贸易中，礼物赠与在一个整体空间中进行：这是一个广博、连贯、逻辑严密的体系，诚如一个大圈子。此外，这个整体空间还延伸到每个个体在特定时空中所能体验到的事物之外，从这个意义上说，它也是个抽象的整体。礼物赠与延伸到马辛群岛任一地区的视域之外；有时库拉航海者两手空空冒昧地前往宿主家，且在航行期间只从宿主处收受礼物时，这时，整体空间也适时地得到延伸。库拉航海者返乡后又变成了后来的赠与者，这时他们反过来又成为了参观考察者的宿主。库拉清楚地展现了莫斯的送礼、收礼和还礼原则，以及自然而然地期望能收到回礼的原则。库拉挫败了一些学者的计划，因这些学者试图将库拉简化成商业贸易或无纪律的、"原始的"行为。[21]

如果说美拉尼西亚展示了礼物属于一种广延型的体系，那么美洲西北部则揭示了最极端的礼物力量。夸富宴吸引了莫斯的注意力。夸富宴虽然有掠夺性的商业性质，莫斯还是愿意将它看作一种重要的礼物。[22]莫斯写道，夸富宴揭示了礼物和金钱的重叠，送礼者期望能得到价值更高的还礼，从这个意义上说，礼物必然是信贷的一种形式。同时在礼物的独特逻辑中，送出的礼物绝非仅仅是定量的报酬，还通常涉及赠与者的荣誉。事实上，荣誉在夸富宴中所起的作用已经发挥到了极致："消费和破坏物品实际上没有止境。在某些夸富宴上，人们必须消耗所拥有的一切，不保留任何东西。这是一种竞争，看到底谁最富有，同时又是最疯狂地铺张浪费。"在天下太平的时代，这就是最终的争夺，为地位、权力和财富而战。若某人的破坏程度无人能比，便能显示此人的伟大，同时羞辱竞争对手。莫斯在这一点上有感而发，令我们想起 20 世纪 20 年代的土著共同体研究者仍要面对巨大的偏见。他写道，传统学者无法相信部落群体实际上有荣誉观；部落群体的荣誉观肯定只是其他东西（例如巫术信仰）的幌子。莫斯反对道："现实要复杂得多。与巫术的概念相比，这些文明对荣誉观也同样谙熟。"作为一种社会动机，荣誉广泛存在于波利尼西亚、美拉尼西亚和美洲西北部的一些社会。[23]我们在回顾莫斯时，觉得他必须向读者解释这一点倒是有些令人诧异，因为共和主义者长期以来就将"野蛮人"和荣誉结合在一起，且我们要追根溯源的话，该传统可以追溯至亚当·弗格森。然而几个世纪以来，与土著共同体所取得的进步相比，西方人对他们的看法改变更是举步踌躇，莫斯的观察是对文明化偏见的周期性矫正，也是最

155

严厉的矫正。

　　莫斯称波利尼西亚、美拉尼西亚和美洲西北部的社会为"古代的"(archaic)。他用这三个社会为例子来界定礼物，解释了"古代的"意思。他们展现和传播物品肯定描绘了一段很长时间里人性的大部分特征。这个古代之前是"总体服务"的时期，那时集体——要么是氏族，要么是家庭——从事一切交换。莫斯用"古代的"一词将这种最初、"原始"形式的社会组织与氏族和部落社会区别开来，他认为后者是历史的中间阶段。他还写道，这些社会里产生了作为个体之间交换形式的礼物。人们或许能将这种对原始和古代时期的区分看成是对摩尔根和 19 世纪中期其他原始共产主义理论的微弱回应，不过莫斯的思想中没有包括原始人杂婚或母权制等原始阶段的信仰。这是莫斯论文遗留下来未曾解决的。更重要的是莫斯相信，现存的土著社会不是"自然的"，而是历史的产物，是漫长历史演进的结果。这里所谓的"古代社会"几乎包括过去与现在所有已知的部落社会。他们所发展出的礼物将战争升华为荣誉之战，因此带来了莫斯在他论文中描述的亲缘秩序的新时代。[24]

156　　　古代阶段之后便迎来了"纯个人契约"时代。"纯个人契约"时代由市场加以界定，在市场中交易得到量化并使用金钱进行交换。这里莫斯再次运用了发散式思维进行思考。《论礼物》关注来自法律制度的证据，这样莫斯便能准确描述财产（property）等具体概念如何一度具有礼物的属性，只是到后来这种属性才慢慢消失。古代观念认为财产与交易的物品蕴含了所有者的精神，它在市场社会中让位于以下这一观点，即认为物品是自然实体，可以抛开所有者进行流通。莫斯在著作中描述这种转变时没有哀伤。相反，一种发展式的叙述取而代之：粗糙的、效率低下的早期形式让位于更高效的市场交易形式，即现代贸易中的交易形式。贸易时代本身便改善了礼物赠与经济，同时也是礼物赠与经济的不可逆产物。然而，有关市场经济的评价并未就此停止，因为莫斯辩证地解释了现代商贸：现代的贸易术语并不充分，因为它们违反了人类的正义感，且在他那个时代不得不让位于社会民主以及礼物般的社会正义实践。[25]

莫斯只考察一些异域社会就将礼物异化，这样做存在危险。他将自己局限于波利尼西亚、美拉尼西亚和美洲西北部地区，那么就会给读者造成一种印象，认为礼物是古代社会中的一种奇物，礼物交换与欧洲贸易及个人主义无关。然而他的目标之一恰恰是撼动人们不假思索地对西方与世界其他地方所进行的区分，同时揭示古代的礼物赠与习俗是人类的普遍制度。考察异域世界是一种迂回策略，最终的目的在于回到古代欧洲。

一个世纪之前，学者们相继研究了日耳曼民族的早期历史，这为莫斯提供了关于礼物的诸多欧洲案例。[26]德国早期社会的研究者认为，倒饮料这一动作就是德文中与礼物相关的语簇的词源（毕歇尔已经发现了这种有趣的词源学上的关联）；schenken（倒）后来引申出"赠送"。在一篇论礼物赠与史的文章中，德国民俗学家梅耶（Richard M. Meyer）讨论了这个词的两个意思之间的关联，莫斯也高度赞赏了这篇文章。梅耶的文章是一份杰出的研究成果，是在莫斯之前的著作中具有深刻见解、熠熠发光的一篇，又在莫斯的文章中得到再次引用的一篇。该书已经包含了一种观点，即日耳曼社会，像"处于相同的文化阶段发展阶段的"每个民族一样，认为礼物涉及某种义务。梅耶同样也利用了早期的一篇文章，该文也认识到互惠具有一种隐含的重要性，它的作者是 19 世纪著名的德国民俗学家雅各布·格里姆。文章提到："的确，一般说来，礼物的接受者看似获利，赠与人受损失。内情则是礼物需要回赠，对深谙礼数的人来说甚至需要更慷慨的回报。"格里姆还揭示了倒（pouring）和赠与（giving）的关联，他将这些行为追溯到一种基本的宗教献祭观念。[27]格里姆的研究和他的后继者对日耳曼文献的研究，使莫斯从

157

马林诺夫斯基的特罗布里恩和博厄斯的太平洋西北部转回中古时期的欧洲。

莫斯从虚幻的旅行中归来，带着世界性的眼光试图进入欧洲古代，这一点使他有别于德国文献专家。德国专家将礼物看成是民族主义史诗的一部分。他们传达的信息是，早期德国文献包含了原始制度，且这些制度会随着时间变化而发展、改进。他们能够在史前时代发现日耳曼民族的统一性，尽管这种统一性在19世纪和20世纪有些难以获得。不管是在希望建立民族国家的19世纪早期抑或是希望完成统一大业的19世纪晚期，研究日耳曼历史的这些学者试图寻找一套原始观念，用以界定统一的德国国民性。[28]莫斯在利用中世纪学者的研究时，改变了这些研究的意义：讨论日耳曼法律和知识，目的在于不让礼物像在太平洋一样晦涩难懂，同时揭示欧洲中心地带也流行相同的义务性送礼观念。大洋洲人、夸扣特尔人和日耳曼人并不是远离其他文化而孤立存在的。论文的最后描绘了它们所具有的跨文化相似性。[29]莫斯致力于理解普遍人性框架内的地方差异，而普遍人性的本质特征之一便是礼物。礼物在现代欧洲中消失了，不过现在通过与世界其他国家或地区接触，又回归了。

礼物的政治和战后欧洲危机

对莫斯来说，20世纪20年代初，即酝酿《论礼物》的时期，是强烈的政治参与时期。马塞尔·富尼耶描述了他如何撰写一些文章支持正在法国萌芽的合作运动，且成为该运动新创刊杂志的编委。富尼耶补充道，莫斯还带着浓厚的兴趣观察合作运动在战后英国的成功，它在英国激进的一面不仅仅是要调适资本主义，而且还成了新型社会的典范。合作运动的激进性符合莫斯想要改变资本主义社会的想法，然而与此同时，这也是一场现实主义运动，涉及在社会内部创立真正的组织，这不只是乌托邦式的空想，想象了一个完全不同的社会却没有细节规划。这就不难看出合作社（cooperatives）和礼物赠与制度的密切关系：两者都依赖于个体的自主自愿和自私自利，但同时又反复灌输在一个更大的集体中进行分享的精神。合作社是现代社会转型条件下在礼物赠与网络中进行的实验。[30]

　　另一方面，俄国布尔什维克的统治令莫斯惊恐万分。他在那个时代写给《社会主义生活》（La Vie Socialiste）杂志的一些文章中，言辞激烈，字里行间皆流露出他的愤怒："我们一直觉得他们思想中的神秘主义和浪漫主义相互矛盾。他们的暴力行为和专断行为通常引发我们道德上的愤慨。他们阴险狡诈，谎话连篇，玩世不恭，信奉'只要目的合理，便可以不择手段'的理念，给我们留下了一种政治庸人的印象。"[31]莫斯历经沙场，空手而归，不过他带回了一种观念，即厌恶将任何他亲历的东西浪漫化。《论礼物》将"文明"定义为人类社会寻找机制的能力，这些机制能将人类的破坏性力量带入限制性的竞争渠道。就俄国而言，他清楚后沙皇政权面临的一系列困境，同时他在 1921 年 4 月追问没有布尔什维克领导的话，这种政权能否幸存。他担心未来，追问社会主义本身的生命力是否比布尔什维克主义者崇尚的机会主义的生命力更长。到 1923 年 2 月，他完全被布尔什维克主义者激怒了：他们是恐怖主义者、狂热分子，他们不仅漠视道德，还无视政治意识中一些最基本的准则。他们摧残社会中所有的"进步阶级"——知识分子、农民和工人。他们摧毁了在他们统治头两年中兴盛起来的合作社和俄国社会中的所有自由联盟。莫斯不反对使用武力，但他认为武力必须在法律框架内使用，而这一点在布尔什维克领导的俄国荡然无存。暴力的作用之所以如此大，是因为缺乏完备的民意和公民教育，相反，它们本应该成为社会主义者重建社会的基础。[32]

159

160

　　1924 年起对布尔什维克主义的进一步反思表现了莫斯的特有气质，即他强调现实主义、政治上的清醒以及强调周密地调和自由和社会责任。他这次发表文章的地方不是社会主义的刊物，而是一份学术杂志，可供他进行更详细的描写，尽管这些文章对布尔什维克同样持顽强抵制的态度。莫斯在计划就这个主题发表的短篇论述的最后一部分谈到了布尔什维克主义，实际上他的这些观察也值得以著作的形式刊出，这样，那篇论述便可以得到彰显，且从当代欧洲的视角补充他在《论礼物》中给出的更具历史化的分析。莫斯在这篇文章中写道，布尔什维克是俄国革命史上的一个阶段，确切地说，它并非社会主义政权，因为它没有建立起稳定的社会秩序，这种秩序是莫斯据他毕生坚信的原则，认为社会主义者所必需的。布尔什维克压制了市场，而名副其实的社会主义应该建立在市场之上，而非摧毁它。他还补充说："市场自由，同时还有工业和贸易自由，对任何现代经济环境来说都不可或缺。"斯大林主义、独裁的命令，都与现代社会的逻辑相反；作为现存社会的延伸，社会主义没有一定程度的个人主义和自由主义是不可能存在的，尤其是经济问题上的个人主义和自由主义。莫斯支持的社会主义需要尊重个人和国家之间的中介机构以及发展这些中介的计划。莫斯在结论中展望未来时，慎言慎行。莫斯再次谴责说，他所说的布尔什维克罪恶地使用暴力反对整个国家，他将俄国新经济看作是朝着资本主义、中央集权制和行政社会主义三种结合的方向前进。他赞成新经济政策，因为该政策为私有经济计划创造了一定的空间。莫斯尚未排除一种可能性，即自由的市民社会的形成可能取代布尔什维克主义。然而他以怀疑的态度提醒自己的同行：他们的角色是批评家，教导他人如何批判性地思考。[33]

　　战后，莫斯研究和撰写论礼物的文章，与此同时，他还在政治报刊上评论当代暴力思想。经历了跨越时空的冒险之旅后，他在

《论礼物》的结论部分回到当代欧洲。富人应该学会将自己看作乐善好施者；整个社会必须关心社会成员的生活、教育和家庭；必须抑制投机倒把；日常的买卖交易中必须有更多的社群伦理。然而，社会成员也应该自力更生，捍卫自己的利益。他继续写道："如同我们当代的利己主义和我们法律的个人主义，过度大方或共产主义会危害到个人及社会。"[34] 古代社会发展出的礼物交换机制，有效地将在个体融入到彼此的生活中。古代社会不是现代人要模仿的乌托邦，而是现代民族国家在试图平衡自私自利和大公无私过程中可资参考的人类经验库。[35]

162

　　在《论礼物》结尾，莫斯回顾了他所论述的主题，它考察了多个时代和多个地区，集中处理了礼物问题。莫斯提醒读者，说他将读者带入了一种整体社会制度，而他也将这则术语引入他自己所处的时代。综观礼物的不同方面，它们构成了"我们的共同生活，而共同生活的意识指导便是苏格拉底所谓的最高艺术——政治。"[36] 莫斯在论文最后谈及政治，反映了他渴望让他对前现代社会的研究成为当代人对现时理解的一部分。政治，不错，只不过这是一种奇怪的、经过扩展的政治。礼物赠与的严厉批评者詹姆斯·穆勒也期盼一种苏格拉底式的政治理想，这是一种穆勒及其追随者试图通过不留情面的理性辩论而实现的理想。[37] 莫斯批评自己，也批评他人，并温和地开展了一场类似的辩论，并抱有类似的期望，希望成立一个民主政治共同体，为万民谋福利。然而在一个多世纪的时间里，便开创了许多陌生的新世界，将这两位思想家区分开来。莫斯倡导将苏格拉底式的辩论和雅典政治与穆勒在印度遇到并藐视的传统联系起来，同时联系到日积月累的竞争习性和调适习性——莫斯在论文中以礼物的名义将它们结合起来。

　　语言在一战后的欧洲国家中没有发挥应有的作用。后来，莫斯希望礼物所包含的相互认可的习俗和姿态，能给口头语言无法单独发挥作用的地方增添语言的效力。人类社会在几个世纪以来提炼的送礼、收礼和还礼模式以及它们的一些变种，将战火纷飞中的人类引向和平政治。教导礼物艺术的导师们生活在雅典之外。相反，我们发现导师们生活在一些鲜为人知的地方，例如图恩瓦的塞皮克河、博厄斯的温哥华岛和马林诺夫斯基的基里维纳。观察他们的礼物交换，便能使两次战争之间的欧洲更接近共同的长期生活。那就是希望。作为战士和政治公民，莫斯也知道不存在没有风险的礼物。[38]

结　语

马塞尔·莫斯描述了一种礼物赠与模型，表面上看起来简单，但是内涵却无限丰富：他将礼物交换分解成送礼、收礼和互换礼物等几个步骤，避免了非科班出身的先贤们所犯的错误，同时创立了一种新的理论模型。他不像雅各布·格里姆、毕歇尔等德国学者，历史地追溯从古至今的礼物案例，而是呈现了统一社会制度下礼物的不同方面。这一模型适用于不同时空，以不同的方式调适、解释礼物，从而展现出全新意义。综观本书可以看出，不同的场合去看待礼物问题，它要比人们通常想的复杂得多。波利尼西亚的婚礼、马辛地区的库拉和太平洋西北部的夸富宴，共同构成了一套卓有成效的范式。莫斯对自己的专业知识充满自信，他从这些地方转向罗马、日耳曼语族的欧洲，同时转向古印度。他还撇开过去，回到他所处时代的欧洲，影射地谈及了共同义务和社会民主。他的个人经历、政治观点和同时代的人的学术研究一起构筑了他的礼物观。

然而，诚如开篇所强调的，人们长期以来一直反思与思考礼物赠与的可能性，而莫斯的论述只是其中的一部分。我们可以再次沉浸在这种话语中谈论礼物，同时扩展它的历史维度和概念维度。

在礼物的论述史中，文明（civility）的危机在一些决定性时刻引导了近代欧洲的礼物赠与。这里的危机时刻意指，文明社会面临

"礼崩乐坏"，群体生活中最基本的纲纪紊乱时。托马斯·霍布斯的《利维坦》极好地回应了17世纪英国内战时代的暴力，更宽泛地说是回应了近代早期欧洲宗教冲突时代的暴力。按霍布斯的看法，社会由受利益驱动的个体组成，且受君主专制限制，因此他认为礼物交换是一种次要、有限的却并非无关紧要的社会行为。同时，霍布斯及其后继者的著述对近代早期欧洲社会人们的实际做法影响不深，直到启蒙运动晚期，欧洲社会在政治和文化联盟上，仍然依赖于庇护和其他形式的礼物交换。莫斯将曼德维尔的利己哲学看作礼物向市场经济转变的时刻时，差点误将霍布斯的理论模型当成社会现实。

就礼物赠与这一社会习俗而言，可以说它的危机时刻出现于18世纪晚期和19世纪早期，随之是西欧各国各种社会组织社团的崩溃以及由个人公民组成的解放社会的确立。发生这一转变之后，互惠的礼物赠与越来越让欧洲人觉得不可思议，他们对此视而不见，或认为这是欧洲过去习俗的残存或原始的生活方式。到了1914年，除少数人类学家和古代文献的研究者外，礼物通常还是被理解为"高级"的赠与行为，他们除了希望获得他人的一句"感谢"之外，不期望获得回报。一战后，危机重重，国家境内外的一些基本礼仪遭到破坏，例如战场上大量死亡、敌人的非人性化、投机倒把以及1918年之后仍肆虐于欧洲社会的意识形态冲突。在理性和自我利益无法团结社会之后，人们试图寻求新的联结形式，以团结社会。这便是发现礼物的关键时刻，莫斯这时领会到礼物在其他社会中的作用，且将之引荐给同时代的人。

尽管19世纪的欧洲社会存在广泛的互惠礼物赠与，那时欧洲人还将它看成是一种不光彩的交换形式，欧洲社会取而代之的是自由赠与和无偿赠与。当欧洲人必须承认世界上其他国家与地区存在礼物交换时，仍然认为这是他们对次等文化做出的让步，这是近似于贿赂或者是一种无力参与客观贸易的幼稚行为。欧洲人有时将礼物赠与看成是传统欧洲社会的要素，也就是说，一方面埃德蒙·柏克等守旧的思想家欣赏这种古代制度的社会学力量，另一方面自由主义思想家充其量视其为个人自律和市场效益的补充。的确在 1815 年后，欧洲人自视为人文主义文学和贵族式社会实践的继承者，且自由地使用资料来表现复杂多样的礼物交换形式，然而在他们所处社会的商业化和理性化当中，可资利用的词汇并不是他们可以驾驭的。

20 世纪初重新燃起对礼物的兴趣，这将礼物交换的问题带回欧洲。欧洲的人类学家前往与家乡相隔千里的地区时，邂逅了礼物交换。在前几代人眼里，礼物交换的做法似乎不足为奇，然而现在人们却觉得这是一种异域制度，令人震惊，难以琢磨，也难以向欧洲同胞加以解释。这种情况下，他们不只是重新介绍了一种超越时间的制度，而是向同时代的人介绍了一些已经成为世界文化一部分的地方习俗。夸富宴和"库拉"从一种独特的风俗变成了世界性的经典，在莫斯的论著及现代社会科学的学说中得到了展示。只不过他们所呈现的礼物观念不再是西方社会所熟悉的不对称赠与，而是一种现代人类学的观念。我们今天从博厄斯、马林诺夫斯基和莫斯处得知的互惠礼物，源自欧洲与欧洲之外的习俗的融合。这是一种深植于欧洲社会认知中的观念，且与土著社会组织的复杂性遥相呼应。许多观念在欧洲（或其他）文化内流转，礼物则是位不寻常的世界主义者，游历甚广。我们今天不回忆海外冒险经历，就无法想起这位世界主义者。礼物根植于欧洲文学和社会实践，通过 19 世纪、20世纪与其他世界的接触，在人类的宽度方面取得了进展。

对互惠礼物的重新发现，推进了现代欧洲和其他时空中历史的融合工作。19 世纪初，礼物交换作为一种制度似乎使欧洲与非欧洲的历史分离开来。市场交换似乎是属于现代欧洲，礼物交换则属于地球上不那么文明的民族和尚未开化的祖先。人类学的奠基者开始打破这种区分。博厄斯揭开一个观点（即夸富宴只涉及礼物交换）

168

169

的面纱，认为夸富宴是一种借贷。图恩瓦认为，互惠性是部族到现代的一切社会所共有的功能。马林诺夫斯基指出，库拉旅行表面上是库拉圈的礼物交换，实际上是"金姆瓦利"场所或易货贸易场所。1918 年后，对欧洲社会的肯定性得到动摇，欧洲社会正经历重建过程，莫斯在市场和礼物两个主题上用力甚勤，倡导一种欧洲市场经济，要重新融合礼物经济的诸特征。如果他对两种交换的融合并不完备，那么后来的学术界则强调它们在世界各地社会中的共存。

尽管现代社会的情况正在发生变化，历史也不尽相同，但我们今天还是像历史上的任何社会一样，普遍使用功能强大的礼物。现在，犹如在过去和世界的其他国家与地区一样，礼物的道德寓意仍是模棱两可。不法的礼物，如性交易、买官鬻爵、贿赂，充斥于商界、政界，满足了现代公众了解丑闻的欲望。我们周围充满了使人堕落的礼物。同时，其他礼物改善、活跃了我们的公共生活和私人生活。[1] 例如慈善捐赠，它在方方面面帮助他人，包括帮助人们实现音乐人生和给予医疗救助，捐赠者有时是要求人们认可其慷慨大方的公众人物，有时只是普通的匿名人士，他们无所求，他们回报社会，只是为了从中获得满足感。国家之间也存在持续不断的外交语言，象征性的物品交换、联谊活动、互通电话以及其他可表示友好或不友好的行为，它们充当友谊的开始或欺骗的幌子。公民和福利国家之间也有责任和义务的精神，这一点对莫斯来说很重要，但是他担心这两者难以互惠交换。家庭生活、爱情和工作场所中也充满无穷无尽的互惠，人们将之当作日常生活的材料来结合、充实、愉悦、舍弃或夸耀。像过去一样，今天我们的公共生活和私人生活都与礼物交换紧密地交织在一起。礼物回归到我们社会的话语中，但这无法保证我们会在来往中产生更好的结果。不过，这使我们较少囿于地方性，甚至可能产生更多机会，让我们明智地送礼和收礼。

注　释

导言

1. Marcel Mauss, *The Gift: The Form and Reason for Exchange in Archaic Societies*, trans. W. D. Halls, fwd. Mary Douglas (New York: Norton, 1990).

2. Ralph Waldo Emerson, "Gifts" (1844), in *The Essays of Ralph Waldo Emerson*, ed. Alfred R. Ferguson and Jean Ferguson Carr, introd. Alfred Kazin (Cambridge, Mass.: Harvard University Press, 1987), 311–314; Georg Simmel, "Dankbarkeit. Ein soziologischer Versuch" (1907), in Heinz-Jürgen Dahme and Otthein Rammstedt, eds., *Georg Simmel. Schriften zur Soziologie* (Frankfurt: Suhrkamp, 1983), 210–218. Simmel, *The Philosophy of Money*, trans. Tom Bottomore and David Frisby (1907; London: Routledge and Kegan Paul, 1978) 中较少提到礼物，不过可参见 82, 370–373。同时参见以下对西美尔与莫斯两者的比较，151。

3. 一条注释无法详尽对莫斯及其论述的回应文献。人类学家、社会学家和哲学家的回应例子，见 Georges Bataille, *The Accursed Share: An Essay on General Economy*, vol. 1: *Consumption* (New York: Zone Books, 1988); Claude Lévi-Strauss, *The Elementary Structures of Kinship*, ed. Rodney Needham, trans. James Harle Bell, John Richard von Sturmer, and Rodney Needham (1949; London: Eyre and Spottiswoode, 1969); Lévi-Strauss, "Introduction à l'oeuvre de Marcel Mauss," in Marcel Mauss, *Sociologie et anthropologie*, ed. Georges Gurvitch (Paris: Quadrige/PUF, 1950), ix–lii;

Pierre Bourdieu, *Outline of a Theory of Practice*, trans. Richard Nice (Cambridge: Cambridge University Press, 1977); Bourdieu, *The Logic of Practice*, trans. Richard Nice (Stanford: Stanford University Press, 1990); Jacques Derrida, *Given Time: I. Counterfeit Money*, trans. Peggy Kamuf (Chicago: University of Chicago Press, 1992); Wendy James and N. J. Allen, eds. , *Marcel Mauss: A Centenary Tribute* (New York: Berghahn Books, 1998)。

172 历史学家运用莫斯礼物理论的选编，见 J. Gould, *Give and Take in Herodotus* (Oxford: Leopard's Head Press, 1991); M. I. Finley, *The World of Odysseus*, newly rev. ed. (New York: Viking, 1978); Georges Duby, *The Early Growth of the European Economy: Warriors and Peasants from the Seventh to the Twelfth Century*, trans. Howard B. Clarke, fwd. Charles Wilson (Ithaca, N. Y. : Cornell University Press, 1974); Natalie Z. Davis, *The Gift in Sixteenth-Century France* (Madison: University of Wisconsin Press, 2000); Ilana Krausman Ben-Amos, *The Culture of Giving: Informal Support and Gift-Exchange in Early Modern England* (Cambridge: Cambridge University Press, 2008); and Jürgen Kocka, "Vorbemerkung," and Stephen Pielhoff, "Stifter und Anstifter. Vermittler zwischen 'Zivilgesellschaft,' Kommune und Staat im Kaiserreich," in *Geschichte und Gesellschaft* 33/1 (2007): 5 ± 9, 10 - 45。

4. 近来理论贡献的例子，见 James G. Carrier, *Gifts and Commodities: Exchange and Western Capitalism since 1700* (London: Routledge, 1995); T. M. S. Evens, "Bourdieu and the Logic of Practice; Is All Giving Indian-Giving or Is 'Generalized Materialism' Not Enough?" *Sociological Theory* 17/1 (1999): 1 - 30; Jacques T. Godbout in collaboration with Alain Caillé, *The World of the Gift*, trans. Donald Winkler (Montreal: McGill-Queen's University Press, 1998); Maurice Godelier, *The Enigma of the Gift*, trans. Nora Scott (Chicago: University of Chicago Press, 1999); David Graeber, *Toward An Anthropological Theory of Value: The False Coin of Our Own*

Dreams (New York: Palgrave Macmillan, 2001); Karen Sykes, *Arguing with Anthropology: An Introduction to Critical Theories of the Gift* (London: Routledge, 2005); Anatoon Vandevelde, ed., *Gifts and Interests* (Leuven, Belgium: Peeters, 2000); and Scott C. Shershow, *The Work and the Gift* (Chicago: University of Chicago Press, 2005)。

对战后试图反复将莫斯的礼物理论纳入结构主义和马克思主义这段历史的重要批评，参见 Lygia Sigaud, "The Vicissitudes of the Gift," *Social Anthropology* 10/3 (Oct. 2002): 335–358。若干新近的研究将历史和理论方法加以综合，以使莫斯的礼物理论与马克思主义和结构主义的礼物理论区别开来。见 Marcel Hénaff, *Le prix de la vérité: le don, l'argent, la philosophie* (Paris: Éditions du Seuil, 2002); Bruno Karsenti, *L'homme total: Sociologie, anthropologie et philosophie chez Marcel Mauss* (Paris: Presses Universitaires de France, 1997); Camille Tarot, *Sociologie et anthropologie de Mauss* (Paris: La Découverte, 2003); Tarot, *De Durkheim á Marcel Mauss: l'invention du symbolique. Sociologie et Science des Religions*, pref. Alain Caillé (Paris: La Découverte, 1999); and Laurent Muchielli, Review of Mauss, *Écrits politiques*; Fournier, *Marcel Mauss*; Karsenti, *Marcel Mauss*; and Karsenti, *L'homme total*, *Revue française de sociologie* 40/1 (1999): 171–176. See also Muchielli, *La découverte du social: naissance de la sociologie en France (1870–1914)* (Paris: La Découverte, 1998)。

关于当代社会中的礼物，见 Theodore Caplow, "Rule Enforcement Without Visible Means: Christmas Gift Giving in Middletown," *American Journal of Sociology* 89/6 (1984): 1306–1323; David Cheal, *The Gift Economy* (London: Routledge, 1988); Aafke E. Komter, *Social Solidarity and the Gift* (Cambridge: Cambridge University Press, 2005); Mayfair Mei-hui Yang, *Gifts, Favors, and Banquets: The Art of Social Relationships in China* (Ithaca, N. Y.: Cornell University Press, 1994); 以及一篇尤其富有洞见的文章，Avner Offer, "Between the Gift and the Market: The Economy of Regard," *Economic History Review* 50/3 (1997), 450–476。

173

5. 关于性别，见 Marilyn Strathern, *The Gender of the Gift: Problems with Women and Problems with Society in Melanesia* (Berkeley: University of California Press, 1988); and Annette B. Weiner, *Inalienable Possessions: The Paradox of Keeping-While-Giving* (Berkeley: University of California Press, 1992)。关于美学，见 Louis Hyde, *The Gift: Imagination and the Erotic Life of Property* (New York: Random House, 1983); Jean Starobinski, *Largesse*, trans. Jane Marie Todd (Chicago: University of Chicago Press, 1997); and Mark Osteen, ed., *The Question of the Gift: Essays Across Disciplines* (London: Routledge, 2002)。关于宗教，见 Jonathan Parry, "*The Gift*, The Indian Gift and the 'Indian Gift'," in *Man*, new series, 21/3 (1986): 453-473; Sergei Kan, *Symbolic Immortality: The Tlingit Potlatch of the Nineteenth Century* (Washington, D. C.: Smithsonian Institution Press, 1989); Susanne Kuehling, *Dobu: Ethics of Exchange on a Massim Island*, *Papua New Guinea* (Honolulu: University of Hawai'i Press, 2005); and Katherine Rupp, *Gift-Giving in Japan: Cash, Connections, Cosmologies* (Stanford, Ca.: Stanford University Press, 2003)。

6. Marcel Fournier, *Marcel Mauss: A Biography* (Princeton, N. J.: Princeton University Press, 2006). See also Marcel Mauss, *Écrits Politiques*, ed. Marcel Fournier (Paris: Fayard, 1997); Émile Durkheim, *Lettres à Marcel Mauss*, ed. Philippe Besnard and Marcel Fournier, with the assistance of Christine Delangle, Marie-France Essyad and Annie Morelle (Paris: Presses Universitaires de France, 1998); and Gérald Berthoud, "Un précurseur de Mauss. Felix Somlò et la question du don," *Social Anthropology* 7/2 (1999): 189-202. 部落社会中"自由主义—功利主义和社会主义—唯物主义"理论之外的第三种立场先前就得到了阐述，见 Bronislaw Malinowski, *Argonauts of the Western Pacific: An Account of Native Enterprise and Adventure in the Archipelagoes of Melanesian New Guinea*, pref. James G. Fraser (1922; Prospect Heights, Ill.: Waveland Press, 1984), 167, 516; 见下文 136-137。

　　对莫斯的先驱的考察，见 Eliana Magnani, "Les médiévistes et le don,

avant et après la théorie maussienne," in *Revue du M. A. U. S. S. permanente*, 15 décembre 2007, http：//www. journaldumauss. net/spip. php? article 229, 访问日期2010 年 7 月 8 日；and Beate Wagner-Hasel, "Egoistic Exchange and Altruistic Gift：On the Roots of Marcel Mauss' Theory of the Gift," in *Negotiating the Gift: Pre-Modern Figurations of Exchange*, ed. Gadi Algazi, Valentin Groebner, and Bernhard Jussen（Göttingen：Vandenhoeck und Ruprecht, 2003）, 141–171。 174

7. 从全球的视角看欧洲思想史既是传统的话题又是近来兴起的。尽管思想史不是因延伸欧洲史边界而闻名，这门学科在美国尤其具有世界性，之所以能成为早期研究的典范，是因为 Arthur Lovejoy 所实践的观念史（the history of ideas）。他对启蒙运动和浪漫主义时代欧洲思想家如何观察所谓"原始"民族表现出浓厚的兴趣，这个问题可见于他的名著《存在巨链》（*The Great Chain of Being*, 1936）和他的观念史文集，以及与他人合编的、所谓古代原始人观念的文献精选中。1945 年后的几十年里，思想史家遗忘了他所开创的路数，可是近些年来，诸多国家的史学实践者加入到这样一种广泛的兴趣当中，那就是如何将欧洲史看成是全球史的一部分。我在本书试图展现一种全新的世界性思想史，它通过带领我们深入欧洲社会和思想的礼物观念来实现，而且将之延伸到欧洲以外的一些地方。参见 Arthur O. Lovejoy, *The Great Chain of Being: A Study of the History of an Idea* (Cambridge, Mass.：Harvard University Press, 1948）；Lovejoy, *Essays in the History of Ideas* (Baltimore：The Johns Hopkins Press, 1948）；Arthur O. Lovejoy, Gilbert Chinard, George Boas, and Ronald S. Crane, eds. , *A Documentary History of Primitivism and Related Ideas* (Baltimore：The Johns Hopkins Press, 1935）。从世界的视角看待思想史的例子，参见 Jürgen Osterhammel, *Die Entzauberung Asiens. Europa und die asiatischen Reiche im 18. Jahrundert* (Munich：Beck, 1998）；John Gascoigne, *Science in the Service of Empire: Joseph Banks, the British State and the Uses of Science in the Age of Revolution* (Cambridge：Cambridge University Press, 1998）；and Suzanne L. Marchand, *German Orientalism in the Age of Empire: Religion, Race,*

and *Scholarship* (Cambridge: Cambridge University Press, 2009). 同时需要注意的是 19 世纪两篇文章考察了观念和文化的全球起源：C. A. Bayly, *The Birth of the Modern World*, *1780 - 1914: Global Connections and Comparisons* (Oxford: Blackwell, 2004); and Jürgen Osterhammel, *Die Verwandlung der Welt. Eine Geschichte des 19. Jahrhunderts* (Munich: Beck, 2009)。

8. 财富、阶级与权力的三元组—— 这是我在 20 世纪 70 年代首次从已故的 Lawrence Stone 那里听来的—— 大体接近于"阶级、地位、党派"范畴，见 Max Weber, *From Max Weber: Essays in Sociology*, trans. and ed. Hans Gerth and C. Wright Mills (New York: Oxford University Press, 1946), 180 - 195。描绘一个通过互惠而团结一致的社会转向拥有功利主义伦理的社会的著名尝试，见 Karl Polanyi, *The Great Transformation*, fwd. Robert M. MacIver (1944; Boston: Beacon Press, 1957)。Polanyi 描绘了市场与礼物经济的分野，不过近来更多文献包括本书，为这种激进的分法争论不已，相反承认它们的并发性。例如，可参见 Ben-Amos, *The Culture of Giving*; Linda Zionkowski and Cynthia Klekar, eds., *The Culture of the Gift in Eighteenth - Century England* (New York: Palgrave Macmillan, 2009); and Offer, "Between the Gift and the Market"。一般来说，Polanyi 缺乏 Max Weber 的理解，即认为理想范型如"共同体"和"社会"或这里的礼物和市场经济并非相互排斥，也并非处于不同的历史时代，而是能够以不同组合在特定社会里共存。这种一般的社会学视角在 Weber 那里得到了展示，见 *Economy and Society: An Outline of Interpretive Sociology*, 2 vols., ed. Guenther Roth and Claus Wittich (1922; Berkeley: University of California Press, 1978)。

9. Nicholas Thomas, *Entangled Objects: Exchange*, *Material Culture*, *and Colonialism in the Pacific* (Cambridge, Mass: Harvard University Press, 1991).

10. 研究某个社会送礼之危险—— 提笔略统治时期的罗马帝国就是一例，见 Luca Giuliani, *Ein Geschenk für den Kaiser. Das Geheimnis des Grossen*

175

Kameo (Munich: Beck, 2010)。Giuliani 强调，这时的罗马社会在理解作为政治统治形式的帝国时缺乏充分用语；就像文化之间的关系，使得某个社会内部缺乏共同口头语言的危机时刻，既促进一种礼物经济，又激发了一些危险的误解。感谢 Giuliani 与我讨论这些问题。Valentin Groebner 对送礼的"危险"潜能提供了一般案例，见 Liquid Assets, *Dangerous Gifts: Presents and Politics at the End of the Middle Ages*, trans. Pamela E. Selwyn (Philadelphia: University of Pennsylvania Press, 2002), 6‐13。

第一章　礼物的危机：沃伦·黑斯廷斯及其批评者

1. C. A. Bayly, *The Birth of the Modern World*, *1780‐1914* (Oxford: Blackwell, 2004). 关于"二重革命"，见 Eric Hobsbawm, *The Age of Revolution*, *1789‐1848* (New York: Vintage, 1996)。关于旧制度到现代世界的多重转变，见 Otto Brunner, Werner Conze, and Reinhart Koselleck, eds., *Geschichtliche Grundbegriffe. Historisches Lexikon zur politisch-sozialen Sprache in Deutschland* (Stuttgart: Klett, 1972‐1997)。

2. 对于这次受审的概要，见 P. J. Marshall 的编者导言，载 Edmund Burke, *The Writings and Speeches of Edmund Burke*, ed. Paul Langford, vol. 6: *India: The Launching of the Hastings Impeachment*, *1786‐1788*, ed. P. J. Marshall, textual editor William B. Todd (Oxford: Clarendon, 1991), 6, 12; Marshall 的编者导言，见 Edmund Burke, *The Writings and Speeches of Edmund Burke*, ed. Paul Langford, vol. 7: *India: The Hastings Trial 1789‐1794*, ed. P. J. Marshall, textual editor William B. Todd (Oxford: Clarendon, 2000), 1。接下来通篇讨论是 P. J. Marshall 广泛研究黑斯廷斯和这次控告，我被这种讨论吸引了。对公司员工生活的详细叙述，见 Pamela Nightingale, *Fortune and Integrity: A Study of Moral Attitudes in the Indian Diary of George Paterson*, *1769‐1774* (Delhi: Oxford University Press, 1985)。Marshall 与 Nightingale 对 Hastings 与 Paterson 富有同情的观点，应与 Nicholas B. Dirks 在 *The Scandal of Empire: India and the Creation of*

176

Imperial Britain (Cambridge, Mass.： Harvard University Press, 2006) 一书中批判性地论述的英国对印度的影响相权衡。

3. [Warren Hastings,] *The history of the trial of Warren Hastings, Esq. ... from Feb. 7, 1786, until his acquittal, April 23, 1795...* (London： Debrett, 1796), preface (n. p.), 1 - 3, plan of the high court of parliament. "激烈审讯"这一句同样引自 Sara Suleri, *The Rhetoric of English India* (Chicago： University of Chicago Press, 1992), 57。

4. P. J. Marshall, *The Impeachment of Warren Hastings* (Oxford： Oxford University Press, 1965), 130 - 131; Warren Hastings, *The Answer of Warren Hastings Esquire, to the Articles Exhibited by the Knights, Citizens, and Burgesess [sic] in Parliament ... Wednesday, November 28th, 1787* (London： John Murray, 1788); Hastings, *History of the trial of Warren Hastings*, 1 - 2. 关于像剧院那样的控诉, 参见 Michael Edwardes, *Warren Hastings: King of the Nabobs* (London： Hart - Davis, MacGibbon, 1976), 11 - 12。

5. Dirks, *Scandal of Empire*, 37 - 85; H. V. Bowen, "Clive, Robert, first Baron Clive of Plassey (1725 - 1774)," *Oxford Dictionary of National Biography*, Oxford University Press, online edition, Jan. 2008 [http：// www. oxforddnb. com/view/article/5697, accessed 8 Feb 2008]. 对于因 Clive 征服孟加拉而引起危机的叙述, 见 Philip Lawson, *The East India Company: A History* (London： Longman, 1993), chap. 6; 关于普拉西之役前后礼物赠送的概况, 见 P. J. Marshall, *East Indian Fortunes: The British in Bengal in the Eighteenth Century* (Oxford： Clarendon Press, 1976), chap. 7。

6. 在普拉西之役前, 公司标准以及他们如何因克莱武及其继任者而心神不宁的复杂历史, 见 Lucy S. Sutherland, *The East India Company in Eighteenth - Century Politics* (Oxford： Clarendon Press, 1952), 51 - 57; Frederick G. Whelan, *Edmund Burke and India：Political Morality and Empire* (Pittsburgh： University of Pittsburgh Press, 1996), 35 - 37; and Marshall, *Impeachment*, xvi - xviii, 131。

7. P. J. Marshall, "Hastings, Warren (1732 - 1818)," *Oxford Dictionary of*

National Biography, Oxford University Press, online edition, May 2006 [http：//www. oxforddnb. com/view/article/12587, accessed 7 Nov 2006].

8. Warren Hastings to Court of Directors of the East India Company, 11　177 November 1773, in G. R. Gleig, *Memoirs of the Life of the Right Hon. Warren Hastings, First Governor‑General of Bengal*, 3 vols. (London： Bentley, 1841), 1：368.

9. 关于黑斯廷斯的政策导向，见 Marshall, "Hastings, Warren"。关于这一时期大英帝国的新专制主义，见 C. A. Bayly, *Imperial Meridian: The British Empire and the World*, *1780‑1830* (Harlow, England：Longman, 1989), 8‑11；对帝国统治独特时代的概要，参见 Vincent T. Harlow, *The Founding of the Second British Empire*, *1763‑1793*, vol. 1：*Discovery and Revolution* (London：Longmans, Green, 1952)。Ranajit Guha 所写的 *A Rule of Property for Bengal: An Essay on the Idea of Permanent Settlement*, fwd. Daniel Thorner (Paris：Mouton, 1963), 97, 109‑110, 171 中，包含一个有趣的讨论，讨论的议题相互矛盾，内容为保留印度地主的财产，并按照英国的模式将他们转变成现代的土地所有阶层。

10. P. J. Marshall, "Warren Hastings as Scholar and Patron," in *Statesmen, Scholars and Merchants: Essays in Eighteenth‑Century History Presented to Dame Lucy Sutherland*, ed. Anne Whiteman, J. S. Bromley, and P. G. M. Dickson (Oxford：Clarendon Press, 1973), 242‑262. 正如 Marshall 注意到的那样，黑斯廷斯在这方面属于 Joseph Banks（1743—1820）的同时代的人。Banks 是著名的博物学家、实业家，他跟随库克船长展开第一次世界航行，后来做了皇家学会（Royal Society）的主席。

关于 18 世纪对异域文化的好奇，见 Jürgen Osterhammel, *Die Entzauberung Asiens: Europa und die asiatischen Reiche im 18. Jahrundert* (Munich：Beck, 1998)。关于启蒙运动时期功利性与人文主义的混合，参见 Harry Liebersohn, *The Travelers' World: Europe to the Pacific* (Cambridge, Mass. ：Harvard University Press, 2006)。关于黑斯廷斯对集权主义统治的混淆及其对印度文化的洞察，见 Richard B. Barnett, *North India Between Empires: Awadh, the*

Mughals, and the British, 1720 - 1801 (Berkeley: University of California Press, 1980), 87 - 88。

11. Marshall, *Impeachment*, 147 - 152, 159, 162.

12. Whelan, *Edmund Burke and India*, 72 - 83; Edmund Burke, *The Writings and Speeches of Edmund Burke*, ed. Paul Langford, vol. 5: *India: Madras and Bengal, 1774 - 1785*, ed. P. J. Marshall, textual editor William B. Todd (Oxford: Clarendon, 1991), editor's introduction by P. J. Marshall, 1. 我对柏克的理解主要得益于 Whelan 的分析,它详细描绘了柏克开展反对黑斯廷斯活动的历史语境和一些重要的政治原则。

13. 见 Marshall, *Impeachment of Warren Hastings*, 132 - 137, 141。

14. Edmund Burke, "The Revenue Settlement of 1772," fragment included in "Speech on Sixth Article: Presents," in *Writings and Speeches of Edmund Burke*, 7: 64. 这种特别的拼写、标点以及语法都是柏克的,包括他将 zamindar [印度地主;地税包收者] 的拼写变成 "e"。

15. John Stuart Mill, *Autobiography*, ed. Jack Stillinger (Boston: Houghton Mifflin, 1969). 关于 James Mill 在英、印目标上的连续性以及父子之间的关系,见 Bruce Mazlish, *James and John Stuart Mill: Father and Son in the Nineteenth Century* (New York: Basic Books, 1975)。

16. 这种总体上对詹姆斯·穆勒和印度的透彻解释,见 Javed Majeed, *Ungoverned Imaginings: James Mill's The History of British India and Orientalism* (Oxford: Clarendon Press, 1992)。对 Mill 和 Bentham 的中肯评论,见 125, 133 - 134。将这个故事延伸到 John Stuart Mill 的重要著作是 Lynn Zastoupil, *John Stuart Mill and India* (Stanford, Ca.: Stanford University Press, 1994), esp. 11 - 12。又见 Eric Stokes, *The English Utilitarians and India* (Oxford: Oxford University Press, 1959), 48; and James Mill, *The History of British India*, abridged and introd. William Thomas (Chicago: University of Chicago Press, 1975), editor's introduction, xii。

17. Stokes, *English Utilitarians and India*, 61 - 62.

178

18. James Mill, *The History of British India*, 3 vols. (New Delhi: Associated Publishing House, 1972), 2: 519. 本版是 1820 年第二版的重印本。

19. Mill, *History of British India*, 2: 560.

20. Mill, *History of British India*, 2: 301, 483 - 484, 520, 560 - 564.

21. Bernard S. Cohn, "Representing Authority in Victorian India," in *The Invention of Tradition*, ed. Eric Hobsbawm and Terence Ranger (Cambridge: Cambridge University Press, 1983), 165 - 209, esp. 166 - 173. 又见讨论礼物馈赠的部分, Nicholas B. Dirks, *The Hollow Crown: Ethnohistory of an Indian Kingdom* (Cambridge: Cambridge University Press, 1987), 28 - 29, 37 - 38, 47 - 48, 128 - 138。

　　理解像接见厅这种制度需要一种感同身受的想象力, 将熟悉和常识范畴重新纳入异域文化模式中。如 B. Cohn 所示, 长远来看, 英国统治者没有施以想象力, 就无法实施统治。Javed Majeed 就在 *Ungoverned Imaginings* 中认为, 恰恰想象这种行为是穆勒要强烈反对的, 尤其是说到他认为印度在政治上的不可信（可能是保守派的虚构）和事实上的错误（富庶又文明的次大陆这种浪漫传奇）时。

22. Seid Gholam [Ghulam] Hossein [Hussain] Khan, *A Translation of the Sëir Mutaqharin; Or, View of Modern Times, Being an History of India, From the Year 1118 to the Year 1195*, trans. Hadjee Mustapha, 3 vols. (Calcutta: James White, 1789 [1790]), 2: 573 - 574, 580. 关于 Ghulam Hussain 的传记细节及解释, 见 Dirks, *Scandal of Empire*, 291 - 296; Dirks 的著作让我注意到该书的存在, 谨此致谢。 179

23. Gholam [Ghulam] Hossein [Hussain] Khan, *View of Modern Times*, 2: 577.

第二章　自由主义、利己主义和礼物

1. Marcel Mauss, *The Gift: The Form and Reason for Exchange in Archaic Societies*, trans. W. D. Halls, fwd. Mary Douglas (1925; New York:

Norton, 1990), 75 - 76.

2. James E. Crimmins 认为, Hobbes 虽然没有直接影响 Bentham, 不过他们共
   同分担了 Hobbes 为后来思想家提出的基本问题, 即在一个由理性反对且由
   自私人物组成的社会里, 如何创建秩序。见 Crimmins, "Bentham and
   Hobbes: An Issue of Influence," *Journal of the History of Ideas*, 63/4
   (2002): 677 - 696。据 Richard Tuck 的说法, Bentham 不太欣赏 Hobbes,
   James Mill 却对 Hobbes 的著作赞赏有加。见 Tuck, *Hobbes: A Very Short
   Introduction* (Oxford: Oxford University Press, 1989), 110。

3. Thomas Hobbes, *Leviathan*, ed. Richard Tuck (1651; Cambridge: Cambridge
   University Press, 1996), 94.【译按,《利维坦》, 商务印书馆 1985 年版, 第
   101 页。着重号系霍布斯所加。】

4. See Ilana Krausman Ben-Amos, *The Culture of Giving: Informal Support
   and Gift-Exchange in Early Modern England* (Cambridge: Cambridge
   University Press, 2008).

5. Hobbes, *Leviathan*, 95 - 96, 105 - 106. Natalie Z. Davis 在 *The Gift in
   Sixteenth-Century France* (Madison: University of Wisconsin Press, 2000),
   chap. 6 讨论了礼物与法国君主制政体; 尤其见对 Jean Bodin 的讨论, Bodin
   与 Hobbes 一样是皇家主权的拥护者, 96 - 98。

6. 关于 Mandeville 思想的政治背景, 见 E. G. Hundert, *The Enlightenment's
   Fable: Bernard Mandeville and the Discovery of Society* (Cambridge:
   Cambridge University Press, 1994)。关于 Mandeville 和 18 世纪早期的资本
   主义, 见 M. M. Goldsmith, "Mandeville and the Spirit of Capitalism," *The
   Journal of British Studies*, 17/1 (1977): 63 - 81; cf. M. M. Goldsmith,
   "Mandeville, Bernard (bap. 1670, d. 1733)," *Oxford Dictionary of National
   Biography*, Oxford University Press, 2004 [http: // www. oxforddnb. com/
   view/article/17926, accessed 9 Nov 2006]。又见 Jerrold Seigel, *The Idea of
   the Self: Thought and Experience in Western Europe since the Seventeenth
   Century* (Cambridge: Cambridge University Press, 2005), 111 - 124,
   esp. 122。

7. Bernard Mandeville, *The Fable of the Bees: or, Private Vices, Public Benefits*, ed. F. B. Kay, 2 vols. (1714, 1723; Oxford: Clarendon Press, 1924), 1: 39‑42.【译按，《蜜蜂的寓言》，中国社会科学出版社 2002 年版，第 31—32 页。】关于 1723 年版的影响，见 Hundert, *Enlightenment's Fable*, 7。

8. Mandeville, *Fable of the Bees*, 34‑35.【译按，《蜜蜂的寓言》，第 27 页。】

9. Ibid., Remark V, 239.【译按，《蜜蜂的寓言》，第 186 页。】

10. Adam Smith, *An Inquiry into the Nature and Causes of the Wealth of Nations*, ed. Edwin Cannan, introd. Max Lerner (New York: Modern Library, 1937), 107.【译按，《国民财富的性质和原因的研究》（上卷），商务印书馆 1972 年版，第 304 页。】

11. Ibid., 144, 298.【译按，《国民财富的性质和原因的研究》（上卷），第 136—137 页，第 303 页。】

12. Ibid., 859‑860.【译按，《国民财富的性质和原因的研究》（下卷），第 470 页。】Maureen Harkin 分析了 Smith 思想中钦佩商业社会和充分意识到所丧失之物中存在一种张力，见她的 "Adam Smith's Missing History: Primitives, Progress, and Problems of Genre," *ELH (English Literary History)*, 72/2 (2005), 429‑451. 她特别提到了 Smith "在《国富论》中，叙述了采邑制的惊人友好和非常地方化的忠诚。"(p. 435)。

13. Smith, *Wealth of Nations*, 632‑633.【译按，《国民财富的性质和原因的研究》（下卷），第 234 页。】

14. 见 Avner Offer, "Between the Gift and the Market: The Economy of Regard," *The Economic History Review*, New Series, 50/3 (August 1997): 450‑476, esp. 452。Smith 分析、批判了 Mandeville 的利己主义哲学，见他的 *The Theory of Moral Sentiments*, ed. D. D. Raphael and A. L. Macfie (Oxford: Oxford University Press, 1976), 308‑313。【译按，《道德情操论》，商务印书馆 1997 年版，第 406 页及以下。】关于 Smith 两部著作的协调性，见 *Theory of Moral Sentiments* 的编者导言，20。

15. 英语世界对德国经济历史学派起源的概括，见 Keith Tribe, *Governing*

180

Economy: The Reformation of German Economic Discourse，1750－1840
(Cambridge：Cambridge University Press, 1988)。我们这里不仅指作为历
史转向起因的反应性经济民族主义（reactive economic nationalism），而且
指 19 世纪上半叶流行于德国学术界且在其中卓有成效的浪漫主义想象。历
史主义作为 19 世纪早期思想中的典型时刻与转变时刻，参见 John Stuart
Mill 在他著名的 "Coleridge"（1840）一文中的观察，载 John Stuart Mill,
Collected Works, vol. 10：*Essays on Ethics*, *Religion and Society*, ed. J.
M. Robson, introd. F. E. L. Priestley（Toronto：University of Toronto
Press, 1969), 138－141。

16. 关于启蒙的官僚政治和现代化，见 Reinhart Koselleck, *Preussen zwischen
Reform und Revolution*. *Allgemeines Landrecht*, *Verwaltung und soziale
Bewegung von 1791 bis 1848*（Stuttgart：Klett, 1975）。

17. See Walter Braeuer, "List, Friedrich", in *Neue Deutsche Biographie*（Berlin：
Duncker & Humblot, 1953－), 14：694－697. 关于符腾堡的行政部门，见 Ian
F. McNeely, "Hegel's Württemberg Commentary：Intellectuals and the
Construction of Civil Society in Revolutionary-Napoleonic Germany,"
Central European History 37/3（2004）：345－364。McNeely 对 List 的讨论，
见 *The Emancipation of Writing: German Civil Society in the Making*, *1790s－
1820s*（Berkeley：University of California Press, 2003), 159－164。

18. Friedrich List, *Werke*, 10 vols. , ed. Erwin von Beckerath, Karl Goeser,
Friedrich Lenz, William Notz, Edgar Salin, and Artur Sommer, vol. 6：
Das nationale System der politischen Ökonomie, ed. Artur Sommer（Berlin：
Reimar Hobbing, 1930), 13－14.【译按，《政治经济学的国民体系》，商务
印书馆 1997 年版，第 7 页。】

181   19. Ibid., 140－150. 关于美国的德国观察家，见 Harry Liebersohn, *Aristocratic
Encounters: European Travelers and North American Indians*（Cambridge：
Cambridge University Press, 1998), chap. 5。

20. 例如，对 Smith 所叙述的中世纪宽大与 List 所描述德国贵族那令人不愉快
的经济作用的比较，见 *Das nationale System*, 124。

21. 就广泛的对社会政策学会的论述文献而言，最杰出的著作仍然要算 Dieter Lindenlaub, *Richtungskämpfe im Verein für Sozialpolitik*. *Wissenschaft und Sozialpolitik im Kaiserreich*, *vornehmlich vom Beginn des "Neuen Kurses" bis zum Ausbruch des Ersten Weltkrieges*（*1890 – 1914*），2 vols., Beihefte 52 – 53, *Vierteljahrschrift für Sozial-und Wirtschaftsgeschichte*（Wiesbaden: Franz Steiner Verlag, 1967）。我还从 Bertram Schefold 的解释中受益良多，见 B. Schefold, "Karl Bücher und der Historismus in der deutschen Nationalökonomie," in Notker Hammerstein, ed. , *Deutsche Geschichtswissenschaft um 1900*（Stuttgart: Steiner, 1988），239 – 267；and Krüger, "Max Weber and the Younger Generation in the Verein für Sozialpolitik," in *Max Weber and His Contemporaries*, ed. Wolfgang J. Mommsen and Jürgen Osterhammel（London: Allen and Unwin, 1987），71 – 87.

22. Bücher 的传记以及他在社会政策学会中的作用，见 Walter Goetz, "Nachruf auf Karl Bücher," *Berichte über die Verhandlungen der Sächsischen Akademie der Wissenschaften zu Leipzig*, *Philologisch-historische Klasse*, Band 83/5（1931）: 1 – 12；Karl Bücher, *Lebenserinnerungen*（Tübingen: Laupp'sche Buchhandlung, 1919）；Walter Braeuer, "Bücher, Karl Wilhelm," in *Neue Deutsche Biographie*, 2: 718 – 719；Schefold, "Karl Bücher"；Lindenlaub, *Richtungskämpfe*, 1: 129 – 131, 168 – 170；Krüger, "Max Weber and the Younger Generation in the Verein für Sozialpolitik"。

23. Karl Bücher, *Die Entstehung der Volkswirtschaft*（Tübingen: Laupp'sche Buchhandlung, 1893），3 – 11.

24. Karl Bücher, *Die Entstehung der Volkswirtschaft*. *Vorträge und Versuche*, 2nd ed. （Tübingen: Laupp'sche Buchhandlung, 1898），3 – 4.

25. Ibid. , 4 – 5.

26. Ibid. , 5 – 7. 18 世纪对自然人的探寻，见 Harry Liebersohn, *The Travelers' World: Europe to the Pacific*（Cambridge, Mass. : Harvard University Press, 2006）；关于进化人类学，见 George Stocking, *Victorian Anthropology*（New York: Free Press, 1987）。近代早期西班牙的争论，可参见 Anthony

Pagden, *The Fall of Natural Man: The American Indian and the Origins of Comparative Ethnology* (Cambridge: Cambridge University Press, 1982)。

27. Karl Bücher, *Die Entstehung der Volkswirtschaft*, 2nd ed., 8 - 32, esp. 15 - 17.

28. 就广泛的文献看，人们可以一开始就关注 Wolfgang J. Mommsen, *Bürgerstolz und Weltmachtstreben: Deutschland unter Wilhelm II. 1890 bis 1918* (Berlin: Propyläen Verlag, 1995), 281 - 300。

29. Karl Bücher, *Die Wirtschaft der Naturvölker* (Vortrag, gehalten in der Gehe Stiftung zu Dresden am 13. November 1897) (Dresden: Zahn und Jaensch, 1898), 5 - 7.

30. 关于德国人类学和殖民主义，见 H. Glenn Penny and Matti Bunzl, eds., *Worldly Provincialism: German Anthropology in the Age of Empire* (Ann Arbor: University of Michigan Press, 2003)。Felix von Luschan 是普鲁士 1914 年之前人类学研究的关键组织者，关于他的一些论述，见 Peter Ruggendorfer and Hubert D. Szemethy, eds., *Felix von Luschan (1854 - 1924). Leben und Wirken eines Universalgelehrten* (Vienna: Böhlau, 2009)。

31. Bücher, *Wirtschaft der Naturvölker*, 20 - 26.

32. Karl Bücher, *Die Entstehung der Volkswirtschaft*, 2. Sammlung (Tübingen: Laupp'sche Buchhandlung, 1918), chap. 1, esp. 23.

33. Wilhelm Karl Ludwig Gaul, "Das Geschenk nach Form und Inhalt im besonderen untersucht an afrikanischen Völkern," in *Archiv für Anthropologie*, Neue Folge, 13/3 (1914): 223 - 279. Gaul 引用 Franz Boas 的 *The Social Organization and the Secret Societies of the Kwakiutl Indians* 是基于他自己的观察以及 George Hunt 先生作的注释，见 *Annual Report of the Board of Regents of the Smithsonian Institution*, Showing the Operating Expenditures, and Condition of the Institution for the Year Ending June 30, 1895: *Report of the U. S. National Museum* (Washington, D. C.: Government Printing Office, 1897); and Edward Westermack, *Ursprung und Entwicklung der*

Moralbegriffe, trans. Leopold Katscher, 2 vols. (Leipzig: Werner Klinkhardt, 1907‒1909)，最初用英语刊出时，题为 *The Origin and Development of Moral Ideas*, 2 vols. (London: Macmillan, 1906‒1908)。Westermack 著作的第二十章论述了友善 (hospitality)，它与礼物赠与的主题相重叠。关于新人类学出现的时间，见 Henrika Kuklick, ed., *A New History of Anthropology* (Oxford: Blackwell, 2008) 中的一些论述。

34. Gaul, "Das Geschenk," 223‒224. 着重号系 Gaul 所加。

35. Ibid., 275‒276.

36. Bücher, *Entstehung der Volkswirtschaft*, 2. Sammlung, 4.

37. Ibid., 4‒7, 12, 23; Annette B. Weiner, *Inalienable Possessions: The Paradox of Keeping-While-Giving* (Berkeley: University of California Press, 1992).

38. Bücher, *Entstehung der Volkswirtschaft*, 2. Sammlung, 24.

第三章　无私的"野蛮人"：原始共产主义理论

1. 就作为理想化战士的印第安人这一点，见 Harry Liebersohn, *Aristocratic Encounters: European Travelers and North American Indians* (Cambridge: Cambridge University Press, 1998).

2. Adam Ferguson, *An Essay on the History of Civil Society* (Edinburgh: Kincaid and Bell, 1767), 58‒59.【译按，《文明社会史论》，辽宁教育出版社 1999 年版，第 42 页。】近来一些优秀的著作将弗格森语境化了，同时将他和市民人文主义的欧洲传统联结起来。尤其见 Fania Oz-Salzberger, *Translating the Enlightenment: Scottish Civic Discourse in Eighteenth-Century Germany* (Oxford: Clarendon Press, 1995)。又见 Oz‒Salzberger 的"导言"，载 Adam Ferguson, *An Essay on the History of Civil Society*, ed. Fania Oz-Salzberger (Cambridge: Cambridge University Press, 1995), xv-xviii；以及"编者导言"，载 Adam Ferguson, *Versuch über die Geschichte der bürgerlichen Gesellschaft*, ed. and introd. Zwi Batscha and Hans Medick, trans.

Hans Medick (Frankfurt am Main: Suhrkamp, 1986)。J. G. A. Pocock 将弗格森的"共和主义"(republicanism) 概念与"蛮力"(barbaric vigor) 联系起来,见 *Barbarism and Religion*, vol. 2: *Narratives of Civil Government* (Cambridge: Cambridge University Press, 1999), 330 - 331, 347。至于弗格森的传记,见 Fania Oz-Salzberger, "Ferguson, Adam (1723 - 1816)", *Oxford Dictionary of National Biography*, Oxford University Press, 2004 [http: // www. oxforddnb. com/view/article/9315, accessed 6 Nov 2006]。

3. Ferguson, *Essay on the History of Civil Society*, 132 - 133.【译按,《文明社会史论》,第 96—97 页。】

4. Ibid. , 126.

5. 关于 Tacitus 和人文主义者,见 Donald R. Kelley, "*Tacitus Noster*: The *Germania* in the Renaissance and Reformation," in T. J. Luce and A. J. Woodman, eds. , *Tacitus and the Tacitean Tradition* (Princeton, N. J.: Princeton University Press, 1993), 152 - 167, 我将之当作北美印第安人的参照,见 *Aristocratic Encounters*, 101。

6. 恩格斯的书的德文版标题是 *Der Ursprung der Familie*, *des Privateigentums und des Staats*。*Im Anschluss an Lewis H. Morgans Forschungen*, 初版于 1884 年。恩格斯的修订本第四版出版于 1891 年 11 月,标示的印刷日期是 1892 年。关于 *Origins of the Family* 的历史,见两版德文本《马恩全集》的编者评注: Karl Marx and Friedrich Engels, *Marx-Engels-Werke*, vol. 21 (Berlin: Dietz, 1979), 552 - 553 n. 27, 以下简称 Engels, *Ursprung der Familie*; Karl Marx and Friedrich Engels, *Gesamtausgabe*, 1. Abt. : *Werke*, *Artikel*, *Entwürfe*, vol. 29, ed. Joachim Herrmann, Hansulrich Labuske, et al. (Berlin: Dietz, 1990) 9 - 43。至于英语的背景,见"编者导言", 载 Friedrich Engels, *The Origins of the Family*, *Private Property and the State*, introd. Michèle Barrett (London: Penguin, 1986)。

7. 摩尔根的生活已经得到了深入研究。良好出发点的传记是 Thomas R. Trautmann, "Morgan, Lewis Henry," in *American National Biography*, ed. John A. Garraty and Mark C. Carnes, vol. 15 (Oxford: Oxford University

Press, 1999), 848‑851。又见 Trautmann 的长篇传记, *Lewis Henry Morgan and the Invention of Kinship* (Berkeley: University of California Press, 1987)。又见 Trautmann 在见解深刻的导言中所扩充的目录, 载 Thomas R. Trautmann and Karl S. Kabelac, *The Library of Lewis Henry Morgan and Mary Elizabeth Morgan*, *Transactions of the American Philosophical Society*, new series, vol. 84, parts 6 and 7 (Philadelphia: American Philosophical Society, 1994)。至于思想史中讨论摩尔根的政治忧虑, 即他担忧工业化进程中的美国和支持 Tonawanda Reservation Senecas 土地权, 见 Carl Resek, *Lewis Henry Morgan: American Scholar* (Chicago: University of Chicago Press, 1960)。有价值的研究又见 Elisabeth Tooker, "The Structure of the Iroquois League: Lewis H. Morgan's Research and Observations," *Ethnohistory*, 30/3 (1983), 141‑154; Tooker, "Lewis Henry Morgan: the Myth and the Man," *University of Rochester Library Bulletin* 37 (1984) [http: // www. lib. rochester. edu/index. cfm? PAGE = 4040, accessed 5 August 2008]; and Tooker, "Lewis H. Morgan and his Contemporaries," *American Anthropologist*, new series, vol. 94/2 (1992): 357‑375。Tooker 在后文总结道, "Morgan 的思想旅程并非源于试图回应他那个时代中一些迫切的问题, 而是试图理解留在纽约州的数千印第安人的社会与文化。" (p. 371)。正如摩尔根在他的著作中澄清的那样, 这两个目标互为补充。

184

8. Resek, *Morgan*, 58‑59, 106‑109.

9. Ibid. , 110‑120.

10. Ibid. , 30‑33. 关于帕克的家庭, 见 Elisabeth Tooker, "Lewis H. Morgan and the Senecas," in *Strangers to Relatives: The Adoption and Naming of Anthropologists in Native North America*, ed. Sergei Kan (Lincoln: University of Nebraska Press, 2001), 32‑33。要理解帕克和他的家庭, 一份重要的材料是 Arthur C. Parker, *The Life of General Ely S. Parker: Last Grand Sachem of the Iroquois and General Grant's Military Secretary*, pref. Frank G. H. Severance (Buffalo, N. Y. : Buffalo Historical Society, 1919)。

11. Resek, *Morgan*, 29‑35.

12. Ibid. , 35‑39. 对摩尔根的接纳的叙述，又见 Tooker, "Lewis H. Morgan and the Senecas," 38‑47。关于北美印第安人和其他部族注定要遭灭绝这种广泛意见，见 Patrick Brantlinger, *Dark Vanishings: Discourse on the Extinction of Primitive Races, 1800‑1930* (Ithaca, N. Y. : Cornell University Press, 2003)。

13. Ely S. Parker to Lewis H. Morgan, 13 Feb. 1847, Department of Rare Books and Special Collections, University of Rochester Library. Parker was commenting on Skenandoah [Lewis H. Morgan], "Letters on the Iroquois," in *The American Review* 5/2 (1847): 177‑190. 关于 "Letters" 从口头到书面的转变，见 Tooker, "Lewis Henry Morgan: The Myth and the Man." Parker 在思想上脱离摩尔根的影响，这种强调见于 Scott Michaelson, "Ely S. Parker and Amerindian Voices in Ethnography," in *American Literary History* 8/4 (1996): 615‑638。

14. Lewis H. Morgan, *League of the Ho-dé-no-sau-nee or Iroquois*, new edition, ed. Herbert M. Lloyd, 2 vols. (New York: Dodd, Mead and Co. , 1904). 关于摩尔根对 *League of the Iroquois* 的阅读，见 Trautmann and Kabelac, *Library of Lewis Henry Morgan*, 42‑44。

15. Morgan, *League of the Iroquois* 1: 3, 58‑70.

16. Ibid. , 1: 51‑55. 关于易洛魁人的经济状况和贝壳串珠，见 Sara Henry Stites, *Economics of the Iroquois* (Lancaster, Pa. : New Era Printing Co. , 1905; AMS reprint, 1978)。Ronald L. Meek 讨论了北美印第安人在 18 世纪发展理论中的位置，见 *Social Science and the Ignoble Savage* (Cambridge: Cambridge University Press, 1976)。

17. Lewis H. Morgan, *Systems of Consanguinity and Affinity of the Human Family* [Smithsonian Contributions to Knowledge, vol. 17] (Washington, D.C. : Smithsonian, 1871) [Reprint: Oosterhout, Netherlands: Anthropological Publications, 1970], 3‑5.

18. 关于摩尔根和 19 世纪的学术研究，参见 Trautman, *Lewis Henry Morgan*

185

and the Invention of Kinship；关于 19 世纪早期的民族志以及对人类共同起源的探寻，见 George W. Stocking, Jr. , *Victorian Anthropology* (New York: Free Press, 1987), chap. 2。

19. Morgan, *Systems of Consanguinity*, 7 - 8, 10, 12 - 13.

20. Ibid. , 10 - 11, 13.

21. Ibid. , 457. 着重号系 Morgan 所加。

22. Ibid. , 492 - 493.

23. Ibid. , 5.

24. Lewis Henry Morgan, *The Indian Journals*, *1859 - 1862*, ed. and introd. Leslie A. White, illustrations ed. Clyde Walton (Ann Arbor: University of Michigan Press, 1959), 39, 89 - 90. 关于摩尔根发展了自发的研究计划，参见 Trautmann and Kabelac, *Library of Lewis Henry Morgan*, 47 中的评论。

25. Cf. Morgan, *Indian Journals*, 142, 145, 221 n. 36 - 37.

26. Stocking, *Victorian Anthropology*；关于 Bachofen, 见 Lionel Gossman, *Basel in the Age of Burckhardt: A Study in Unseasonable Ideas* (Chicago: University of Chicago Press, 2000)。

27. Lewis Henry Morgan, *Ancient Society: Or, Researches in the Lines of Human Progress from Savagery through Barbarism to Civilization*, ed. and introd. Eleanor Burke Leacock (Cleveland: World Publishing Co. , 1963), 62 - 72, 85.【译按，《古代社会》，商务印书馆 1981 年版，第 82 页。】

28. Ibid. , 250, 253 - 256.

29. Ibid. , 349, 351.

30. Ibid. , 561 - 562.【译按，《古代社会》，第 445 页。】

31. Cf. Frederick E. Hoxie, *A Final Promise: The Campaign to Assimilate the Indians*, *1880 - 1920* (Lincoln: University of Nebraska Press, 1984), 17 - 21.

32. Tristram Hunt, *Marx's General: The Revolutionary Life of Friedrich Engels* (New York: Henry Holt, 2009) 是一部生动的传记，捍卫了恩格斯的观点，延伸讨论了 *Origins of the Family*, 303 - 312。然而，这部著作并未过

多地关注恩格斯的土著人类学，反而专注于他对父权制的批判以及对妇女
解放的辩护。

33. Editor's introduction, Karl Marx, *Karl Marx über Formen vorkapitalistischer Produktion. Vergleichende Studien zur Geschichte des Grundeigentums 1879 - 1880*, ed. Hans-Peter Harstick (Frankfurt: Campus Verlag, 1977), xvi.

34. 引自"编者导言"，ibid.，xvii - xix。

35. 尽管马克思并未发表对这个主题的大部分思考，但是他的看法非常明确。他在著名的章节"商品的拜物教性质及其秘密"中，将公共财产（他在注释中称"自发的、原始的共有财产"）这种广泛的历史存在当作确凿的事实，见 *Capital*, vol. 1, trans. Ben Fowkes, introd. Ernst Mandel (New York: Vintage, 1977), 171。【译按，《资本论》，郭大力、王亚南译，人民出版社 1963 年版，第 54 页。】

36. Engels, *Ursprung der Familie*, 43.

37. 对普那路亚关系的解释及对摩尔根的批评，见 E. S. Craighill Handy and Mary Kawena Pukui, *The Polynesian Family System in Ka-'u, Hawai'i* (Wellington, N. Z.: The Polynesian Society, 1958), 56 - 65。

38. Engels, *Ursprung der Familie*, 60. 【译按，《家庭、私有制和国家的起源》，人民出版社 1972 年版，第 59 页。】

39. Ibid., 68, 110 - 112.

40. Ibid., 95 - 97. 【译按，《家庭、私有制和国家的起源》，第 94—96 页。】

41. 见 Gerda Lerner, *The Creation of Patriarchy* (New York: Oxford University Press, 1986)。

第四章　人类学家与礼物的力量：博厄斯、图恩瓦、马林诺夫斯基

1. 从大体方向上研究现代主义、社会科学以及艺术中的表现主义这些松散关联的话题，见 Carl E. Schorske, *Fin de Siècle Vienna: Politics and Culture* (New York: Knopf, 1980); H. Stuart Hughes, *Consciousness and Society:*

The Reorientation of European Social Thought, 1890－1930（New York：
Knopf, 1958）; and Peter Paret, *The Berlin Secession: Modernism and Its
Enemies in Imperial Germany* (Cambridge, Mass.：Harvard University Press,
1980)。关于尚古主义，见 Marianna Torgovnick, *Gone Primitive: Savage
Intellects, Modern Lives* (Chicago：University of Chicago Press, 1990);
Marc Manganaro, *Modernist Anthropology: From Fieldwork to Text*
(Princeton, N. J.：Princeton University Press, 1990); and Mary Gluck,
"Interpreting Primitivism, Mass Culture and Modernism：The Making of
Wilhelm Worringer's Abstraction and Empathy," *New German Critique* 80
(2000)：149－169。

2. Émile Durkheim, *The Elementary Forms of Religious Life*, trans. Karen E.
Fields (1912; New York：Free Press, 1995). 我们没法确认 Weber 的比较性　　187
专著，但可以发现一些暗示和评论散见于 *Economy and Society: An Outline
of Interpretive Sociology*, ed. Guenther Roth and Claus Wittich, trans.
Ephraim Fischer et al. (1922; Berkeley：University of California Press, 1978)。
Weber 善于接纳那个时代最新的民族志，见 Max Weber, *Gesamtausgabe*, ed.
Horst Baier, M. Rainer Lepsius, Wolfgang J. Mommsen, Wolfgang Schluchter,
and Johannes Winckelmann, part 1, vol. 14：*Zur Musiksoziologie*, ed. Christoph
Braun and Ludwig Finscher (Tübingen：J. C. B. Mohr [Paul Siebeck], 2004).
Philippe Despoix 提醒我注意这项工作的民族志内容，谨致谢忱。

3. Karen Ordahl Kupperman 证明了早期民族志的高质量，见 *Indians and
English: Facing Off in Early America* (Ithaca, N. Y.：Cornell University
Press, 2000), 1－2, 13－14。正如她所观察的那样，早期英国殖民者过度依
赖于美国邻居，以至没有紧密地监视它们。也可以这么说法国著名的旅行家
Jean de Léry; 见他的 *History of a Voyage to the Land of Brazil*, trans. and
ed. Janet Whatley (Berkeley：University of California Press, 1990)。对前现
代民族志的考察，见 Harry Liebersohn, "Anthropology before Anthropology,"
in *A New History of Anthropology*, ed. Henrika Kuklick (Oxford：Blackwell,
2008), 17－31。James A. Boon 批评了现代专业化以来人类学的历史短见，

见 *Other Tribes, Other Scribes: Symbolic Anthropology in the Comparative Study of Cultures, Histories, Religions, and Texts* (Cambridge: Cambridge University Press, 1982)。

4. Franz Boas 的 *The Social Organization and the Secret Societies of the Kwakiutl Indians* 是以个人观察和 George Hunt 先生的札记而写成的。见 *Annual Report of the Board of Regents of the Smithsonian Institution, Showing the Operating Expenditures, and Condition of the Institution for the Year Ending June 30, 1895: Report of the U. S. National Museum* (Washington, D. C.: Government Printing Office, 1897), 564 - 565。

   我保留了博厄斯传统中 "Kwakiutl" 一词的历史语境。关于这则术语，见 Joseph Masco, "It Is a Strict Law That Bids Us Dance: Cosmologies, Colonialism, Death, and Ritual Authority in the Kwakwaka'wakw Potlatch, 1849 to 1922," *Comparative Studies in Society and History* 37/1 (1995): 41 n. 1。

5. 这一章的传记信息参考了 Douglas Cole, *Franz Boas: The Early Years (1858 - 1906)* (Seattle: University of Washington Press, 1999)。两部著作界定了影响博厄斯的人文主义传统，它们便是 Roger Langham Brown, *Wilhelm von Humboldt's Conception of Linguistic Relativity* (The Hague: Mouton 1967); and Matti Bunzl, "Franz Boas and the Humboldtian Tradition: From *Volksgeist* and *Nationalcharakter* to an Anthropological Concept of Culture," in *History of Anthropology, vol. 8: Volksgeist as Method and Ethic: Essays on Boasian Ethnography and the German Anthropological Tradition*, ed. George W. Stocking, Jr. (Madison: University of Wisconsin Press, 1996), 17 - 78。

6. Franz Boas, "The Limitations of the Comparative Method of Anthropology" (1896) and "The Study of Geography" (1887) in *Race, Language, and Culture* (1940; Chicago: University of Chicago Press, 1982), 270 - 280, 639 - 647. 博厄斯攻击了社会—文化演进范式，见 George W. Stocking, Jr., *Victorian Anthropology* (New York: Free Press, 1987)。

7. Marcel Mauss, *The Gift: The Form and Reason for Exchange in Archaic Societies*,

trans. W. D. Halls, fwd. Mary Douglas (1925; New York: Norton, 1990), 6;
Ruth Benedict, *Patterns of Culture* (1934; Boston: Houghton Mifflin, 1989),
chap. 6. 至于夸富宴的历史化，见 Aldona Jonaitis, "Chiefly Feasts: The
Creation of an Exhibition," Wayne Suttles, "Streams of Property, Armor of
Wealth: The Traditional Kwakiutl Potlatch," and Douglas Cole, "The
History of the Kwakiutl Potlatch," in *Chiefly Feasts: The Enduring Kwakiutl
Potlatch*, ed. Aldona Jonaitis (Seattle: University of Washington Press,
1991), 39, 71 – 134, 135 – 176; and Masco, "It Is a Strict Law That Bids Us
Dance"。

8. Suttles, "Streams of Property, Armor of Wealth," 119, 128, Cole, "The
   History of the Kwakiutl Potlatch," 152, 156, and Ira Jacknis, "George
   Hunt, Collector of Indian Specimens," in Jonaitis, *Chiefly Feasts*, 177 – 224.
   这里包含了一段有趣的讨论，谈到了博厄斯在亨特的帮助下，取了个夸扣特
   尔人的名字，使他更好地了解夸扣特尔人的礼仪，见 Michael E. Harkin,
   "Ethnographic Deep Play: Boas, McIlwraith, and Fictive Adoption on the
   Northwest Coast," in *Strangers to Relatives: The Adoption and Naming of
   Anthropologists in Native North America*, ed. Sergei Kan (Lincoln:
   University of Nebraska Press, 2001), 67 – 68。

9. 至于博厄斯批判性地修正了一些对部落组织和动物图腾的简化看法，见
   Social Organization and Secret Societies of the Kwakiutl, 323 – 334。

10. Suttles, "Streams of Property, Armor of Wealth," 110 – 133. 参考博厄斯对
    西北部印第安礼仪浪漫或种族理论的考证，见 *Social Organization and
    Secret Societies of the Kwakiutl*, 660 – 663。

11. Boas, *Social Organization and Secret Societies of the Kwakiutl*, 341 – 343.
    Wayne Suttles 不同意博厄斯对夸富宴借贷的描述，而将它们看成是夸富宴
    的一种有限范畴；其他回报是以地位和荣耀的形式发生。Suttles, "Streams
    of Property, Armor of Wealth," 117.

12. Boas, *Social Organization and Secret Societies of the Kwakiutl*, 358 – 366.

13. Dawson 论"夸扣特尔"部落一文刊于 *Transactions of the Royal Society of*

Canada, vol. 5, section 2, 1887, is summarized by "H. H." in W. J. H.,
H. W. H., Lucien M. Turner, J. N. B. Hewitt and O. T. M., "Notes
and News," *American Anthropologist*, 1/2 (1888): 184 - 186。Edward B.

Tylor mentioned Boas in "Anniversary Address," *The Journal of the
Anthropological Institute of Great Britain and Ireland*, 21 (1892): 406.
Anonymous, Review of Franz Boas, *The Social Organization and the Secret
Societies of the Kwakiutl Indians*, *The American Naturalist* 32 (no. 377)
(1898): 352 - 353, 提到夸富宴声名卓著, 不过博厄斯说它是一种借贷, 就
澄清了它的意思。博厄斯的这种读法, 是西方观察者难以领会贸易、地位
竞逐及宇宙仪式等范畴交织在一起的范本。参见 Sergei Kan, *Symbolic
Immortality: The Tlingit Potlatch of the Nineteenth Century* (Washington,
D. C.: Smithsonian Institution Press, 1989), 7。

在博厄斯后来论夸富宴和西北部印第安社会组织的作品中, 比较重要
的是 "Ethnology of the Kwakiutl," in Smithsonian Institution. Bureau of
American Ethnology。*Annual Report* 35 (1913 - 1914), 2 parts (Washington,
D.C.: Government Printing Office, 1921: 43 - 1481; "The Social Organization
of the Kwakiutl," *American Anthropologist*, New Series, 22/2 (1920): 111 -
126; and "The Social Organization of the Tribes of the North Pacific Coast,"
American Anthropologist, New Series, 26/3 (1924): 323 - 332. Franz Boas,
Kwakiutl Ethnography, ed. Helen Codere (Chicago: University of Chicago
Press, 1966) 试图将博厄斯对夸口特尔人的一些散论汇集成书, 这部遗著
辜负了大家的期望。

Sergei Kan 在论特林吉特人的近著中指出, 他们历史上的夸富宴里没
有博厄斯记录夸口特尔人时所说的那些竞争性的极端, 就是暴力语言和毁
坏财产的极端。夸口特尔模式如此引人注目, 在人类学的想象上令人难以
忘怀, 这种模式不能笼统地等同于 19 世纪西北海岸边的一些民族中的夸富
宴。参见 Sergei Kan, *Symbolic Immortality*, 234。

14. Richard Thurnwald, *Bánaro Society: Social Organization and Kinship System
of a Tribe in the Interior of New Guinea*, *Memoirs of the American*

Anthropological Association 3/4（1916）; Richard Thurnwald, *Die Gemeinde der Bánaro. Ehe, Verwandtschaft und Gesellschaftsbau eines Stammes im Innern von Neu-Guinea. Aus den Ergebnissen einer Forschungsreise 1913‑1915. Ein Beitrag zur Entstehungsgeschichte von Familie und Staat*（Stuttgart: Ferdinand Enke, 1921）; Claude Lévi-Strauss, *The Elementary Structures of Kinship*（1949; Boston: Beacon, 1969）, 481, 496.

15. Richard Thurnwald to Karl Bücher, 21 January 1889, Nachlass 181, Karl Bücher, Universitätsbibliothek Leipzig, Sondersammlungen.

16. 我在这里及以下描述图恩瓦生活的过程中，受惠于 Marion Melk-Koch 基于档案研究所写的详细传记，*Auf der Suche nach der menschlichen Gesellschaft. Richard Thurnwald*（Berlin: Reimer, 1989）。关于 Luschan，见 Peter Ruggendorfer and Hubert D. Szemethy, eds., *Felix von Luschan (1854‑1924). Leben und Wirken eines Universalgelehrten*（Vienna: Böhlau, 2009）。

17. Staatliche Museen zu Berlin‑Preussischer Kulturbesitz, Ethnologisches Museum [hereinafter cited as SMB‑PK, EM], Pars I B 21a, 760/07, Felix von Luschan to Richard Thurnwald, 18 April 1907; 1042/07, Luschan to Thurnwald, 31 May 1907; 1045/07, Luschan to Thurnwald, 7 June 1907; 1625/07, Luschan to Albert Hahl, governor of German New Guinea, 27 August 1907; 1625/07, Luschan to Thurnwald, 27 August 1907; 1662/07, Luschan to Thurnwald, 7 October 1907. 关于 Luschan 和柏林民族博物馆，以及强调图恩瓦转向考察民族志，见 Rainer F. Buschmann, *Anthropology's Global Histories: The Ethnographic Frontier in German New Guinea, 1870‑1935*（Honolulu: University of Hawai'i Press, 2009）, esp. 113‑117。关于收藏和民族学博物馆，见 H. Glenn Penny, *Objects of Culture: Ethnology and Ethnographic Museums in Imperial Germany*（Chapel Hill: University of North Carolina Press, 2002）。

18. Letter of 10 August 1908（着重号系 Thurnwald 所加）, in Melk-Koch, *Auf der Suche nach der menschlichen Gesellschaft*, 111。

19. Melk-Koch, *Auf der Suche nach der menschlichen Gesellschaft*, 161‑163.

190

我在纠正她列举的捐赠者、参与者名单中，参考了 SMB‐PK, EM, Pars I B 19a, 996/14, Artur Stollé, Überblick über den verlauf der Expedition des Reichs‐Kolonialamts, der Königlichen Museen und der Deutschen Kolonial‐Gesellschaft zur Erforschung des Kaiserin‐Augusta‐Flusses in Kaiser Wilhelmsland。

20. SMB-PK, EM, Pars I B. 19a, Zu 311/12：Sonder-Anweisung für den an der Augustafluß-Expedition beteiligten Ethnographen Dr. Thurnwald. See also Melk-Koch, *Auf der Suche nach der menschlichen Gesellschaft*, 164‐165.

21. SMB-PK, EM, Sammlung Südsee und Australien, Richard Thurnwald, Tagebuch von der 2. Expedition im Auftrag des ehem. Reichs-Kolonialamtes und des Berlin Museums für Völkerkunde, 1913‐1915：1, 30, 36‐37, 84, 以下简称 Tagebuch 2; Thurnwald, "Aus den Schutzgebieten der Südsee. Entdeckungen im Becken des oberen Sepik," *Mitteilungen a. d. D. Schutzgebieten* 27 (1914)：339, 以下简称 "Aus den Schutzgebieten der Südsee"。Gustav Jahoda 运用了这部日志（Tagebuch）, 见 "Anthropologist and 'Native' in Early Twentieth Century New Guinea：Malinowski and Thurnwald," *History and Anthropology* 18/1 (2007)：11‐24。

22. Thurnwald, "Aus den Schutzgebieten der Südsee," 338‐339.

23. SMB-PK, EM, Pars I B, 19a, Zu 1859/13, Stollé to the State Secretary of the Imperial Colonial Office, 14 October 1913, report by Thurnwald, 26 August 1913.

24. Thurnwald, Tagebuch 2, entries of 11 October 1914‐7 January 1915, pp. 217‐274；15 August 1915, p. 305；11 October 1915, pp. 308‐309. 又见旧金山来函的副本，它概述了之前几个月的一些事件，SMB-PK, EM, Pars I B. 19a, Zu 278/16, Richard Thurnwald to Albrecht Penck, 14 February 1916。Penck 是柏林大学地理学教授。关于对澳大利亚人的职业的描述，见 Hermann Hiery, *The Neglected War: The German South Pacific and the Influence of World War I* (Honolulu：University of Hawai'i Press, 1995), 先后在第 88、100 和 285 页注释 39 讨论了 W. M. B. Ogilvie, 同时在第 47

页提到了图恩瓦的财产破坏。

25. Tagebuch 2, 11 October 1915: 310 - 311.

26. Ibid.

27. Ibid., 11 October 1915: 311 - 319. Cf. Melk-Koch, *Auf der Suche nach der menschlichen Gesellschaft*, 235 - 236.

28. Melk-Koch, *Auf der Suche nach der menschlichen Gesellschaft*, 237, 247.

29. Ibid., 245 - 285.

30. 一部近著重考了 Thurnwald 的研究地，同时批判了他的前提假设，即巴纳罗人是个稳定又为时甚久的单位，实际上塞皮克河中游是一块迁居和新拓居的区域：他们及其邻居并非固定的，不过他们的存在是有一段历史了。See Bernard Juillerat, *La révocation des Tambaran: Les Banaro et Richard Thurnwald revisité* (Paris: CNRS, 1993), 81.

31. Thurnwald, *Bánaro Society*, 258.

32. Ibid., 307.

33. Ibid., 259, 275 - 276, 307.

34. 关于英国功能主义的早期历史，见 George W. Stocking, Jr., ed., *History of Anthropology*, vol. 2: *Functionalism Historicized: Essays on British Social Anthropology* (Madison: University of Wisconsin Press, 1984) 中的一些论述。德国方面的个案研究，见 Harry Liebersohn, "Leopold von Wiese and the Ambivalence of Functionalist Sociology," *Archives européenes de sociologie* 23 (1982): 123 - 149。

35. Thurnwald, *Bánaro Society*, 279.

36. Richard Thurnwald, *Gemeinde der Bánaro*, 233, 240 - 241. 关于他后来在评述巴纳罗人政治组织上的重要前辈，见 Richard Thurnwald, "Stufen der Staatsbildung bei den Urzeitvölkern," *Zeitschrift für vergleichende Rechtswissenschaft* 25 (1912): 417 - 432。尤其见最后一段，它称当代自然民族 (Naturvölker) 是"人类发展的死胡同"(p. 432)。参考 Richard Thurnwald, *Economics in Primitive Communities* (London: Oxford University Press, 1932), 认为原始人的"自然构造"使他们不适合"复杂的手工艺"(p. 213)。

37. Thurnwald, *Bánaro Society*, 285, 388; Thurnwald, *Die Gemeinde der Bánaro*, 57 – 58.

192　38. Richard Thurnwald, "Politische Gebilde bei Naturvölkern. (Ein system-atischer Versuch über die Anfänge des Staats)," *Zeitschrift für vergleichende Rechtswissenschaft* 37 (1919): 382 – 384.

39. Ibid., 382.

40. Ibid., 383 – 384.

41. Ibid., 385.

42. Max Weber, "Politics as a Vocation," in *From Max Weber: Essays in Sociology*, trans. and ed. Hans Gerth and C. Wright Mills (New York: Oxford University Press, 1946), 77 – 128.

43. Helena Wayne, fwd., in *Malinowski Between Two Worlds: The Polish Roots of an Anthropological Tradition*, ed. Roy Ellen, Ernest Gellner, Grazyna Kubica, and Janusz Mucha (Cambridge: Cambridge University Press, 1988), xiii.

44. 关于马林诺夫斯基的思想养成，见尼采的研究等以及重要的"编者导言"，in Bronislaw Malinowski, *The Early Writings of Bronislaw Malinowski*, ed. Robert J. Thornton and Peter Skalník, trans. Ludwik Krzyzanowski (Cambridge: Cambridge University Press, 1993)。

45. Michael W. Young, *Malinowski: Odyssey of an Anthropologist*, *1884 – 1920* (New Haven, Conn.: Yale University Press, 2004), 128 – 130, 135, 137 – 139, 143 – 147.

46. Raymond Firth 评述了 *Arbeit und Rhythmus* 对马林诺夫斯基的重要性以及他对毕歇尔的发展观念的厌恶，见他的 "The Place of Malinowski in the History of Economic Anthropology," in *Man and Culture: An Evaluation of the Work of Bronislaw Malinowski*, ed. Raymond Firth (London: Routledge and Kegan Paul, 1957): 210。

47. Bronislaw Malinowski, "The Primitive Economics of the Trobriand Islanders," *The Economic Journal*, 31/121 (1921): 1 – 2.

48. Ibid. , 2, 4 – 5, 7 – 10.

49. 关于马林诺夫斯基在还原主题上的天赋，见 Robert J. Thornton, " 'Imagine yourself set down. . .': Mach, Frazer, Conrad, Malinowski and the Role of Imagination in Ethnography," *Anthropology Today* , 1/5（1985）：7 – 14。

50. Bronislaw Malinowski, *A Diary in the Strict Sense of the Term* , pref. Valetta Malinowska, introd. Raymond Firth, trans. Norbert Guterman (New York：Harcourt, Brace and World, 1967), 16, 69（着重号系 Malinowski 所加）；关于日期，见 Firth 的"导言"，xi。作为修行工具的日志，见 Young, *Malinowski*, 511. Young 指出，尽管马林诺夫斯基在日记中的自述不讨人喜欢，但根据 Linus Digim'Rina 博士 1995 年的田野考察，马林诺夫斯基在奥布拉库地区待了三个月，那里的村民觉得他很亲切。Young, *Malinowski*, 527 and 652.

51. Bronislaw Malinowski, *Argonauts of the Western Pacific: An Account of Native Enterprise and Adventure in the Archipelagoes of Melanesian New Guinea* , pref. James G. Fraser（1922；Prospect Heights, Ill.：Waveland Press, 1984）, 81, 以下简称 *Argonauts*。【译按，《西太平洋上的航海者》，张云江译，中国社会科学出版社 2009 年版，第三章"库拉的本质"。】

52. *Argonauts*, 2, 23, 25.

53. *Argonauts*, 33 – 36. Michael W. Young 生动地补充了《西太平洋上的航海者》中的描述，见 Young, *Malinowski's Kiriwana: Fieldwork Photography*, *1915 – 1918*（Chicago：University of Chicago, 1998）。Annette Weiner 诠释了马林诺夫斯基在描述特罗布里恩社会时所遗忘的维度，即女人的财产在礼物交换和社会地位上的作用。见 Annette B. Weiner, *Inalienable Possessions: The Paradox of Keeping-While-Giving*（Berkeley：University of California Press, 1992）, xi, 136 – 137。

54. *Argonauts*, 40 – 47. Susanne Kuehling, *Dobu: Ethics of Exchange on a Massim Island*, *Papua New Guinea*（Honolulu：University of Hawai'i Press, 2005）为多布人的社会提供了特写，摒弃了马林诺夫斯基在塑造蹙眉蹙额的多布

人形象时老生常谈（或基里维纳人成见）的那一面。据 Kuehling 的《伦理》介绍，多布人在社会交往中流行交换，也强调系统的自我控制，这让人想起韦伯心目中的加尔文主义。【韦伯：《新教伦理与资本主义精神》，第四章。】

55. *Argonauts*, 94.

56. Ibid., 85.

57. Ibid., 89, 95.

58. Ibid., 97.

59. Ibid., 212 - 213.

60. Ibid., 167 - 168, 516.

61. Bronislaw Malinowski, *Crime and Custom in Savage Society* (London: Routledge and Kegan Paul, 1926), 19, 23 - 27, 29.

第五章　马塞尔·莫斯和全球化的礼物

1. 关于 Boas, Hunt 以及汇集西北部古器物的事例，见 Ira Jacknis, "George Hunt, Collector of Indian Specimens," in *Chiefly Feasts: The Enduring Kwakiutl Potlatch*, ed. Aldona Jonaitis (Seattle: University of Washington Press, 1991), 181, 183, 197, 200。

2. "Notre communisme familial (5)." 这则引语出现在《编者导言》中，Émile Durkheim, *Lettres à Marcel Mauss*, ed. Philippe Besnard and Marcel Fournier, with the assistance of Christine Delangle, Marie-France Essyad, and Annie Morelle (Paris: Presses Universitaires de France, 1998), 5。关于本章中莫斯的传记，我极大地受惠于 Marcel Fournier, *Marcel Mauss: A Biography*, trans. Jane Marie Todd (Princeton, N. J.: Princeton University Press, 2006)。

3. 莫斯的早年岁月，见 Fournier, *Marcel Mauss*, chaps. 1 - 3；他对《自杀论》的评价，见 Mauss, "L'oeuvre de Mauss par lui-même" (1930), in Philippe Besnard, ed., "Les durkheimiens," *Revue française de sociologie* 20/1

(1979)，210。

4. Durkheim, *Lettres à Marcel Mauss*, 5, 7, 329–332, 378–379.

5. Mauss, "L'oeuvre de Mauss par lui-même," 209.

6. 关于莫斯的战时所为，见 Fournier, *Marcel Mauss*, 168–184。

7. 见莫斯提到他为杂志寻求财政支持，*Institut Mémoires de l'édition contemporaine*，以下简称 *IMEC*, Fonds Marcel Mauss, cote：MAS 120, Mauss to C. G. Seligman, May 1923。后来，一位芝加哥的同行请莫斯给他提供一份法国民族学者和社会学家的完整名单，莫斯在回信中写道："Nous Professeurs Français nous n'avons pas l'armée de Secrétaires et d'Assistants dont vos Départements sont pourvus.［我们法国教授不像贵系那样，会有大量的秘书和助手。］"——这则评论确实适用于 20 世纪 20 年代中期，正如它同样适用于今日的法、美学术界。Mauss to Miss–Rosenfels, 2 January 1935.

8. 关于互文性，见 Eric Griffiths, "Stay Alert," *Times Literary Supplement* no. 5484 (7 May 2008), 7–9; and Julia Kristeva, "Word, Dialogue and Novel," in *The Kristeva Reader*, ed. Toril Moi (Oxford：Blackwell, 1986), 37。

9. *L'Année Sociologique*, nouvelle série, 1 (1923–1924) (Paris：Librairie Félix Alcan, 1925)．莫斯在第 2 页提到了具有评论资格的书籍的一些日期。

10. 评论的著述包括期刊论文和专著。评论文章的具体数量要看如何计算，因为有些评论包含了多部作品，另一种极端的情形是莫斯罗列了一些著作的标题，而未加以评论。我列数了莫斯评论的所有名目，同时清点了单篇书评中所评著作超过一本的那些评论。

11. *L'Année Sociologique*, n. s. 1 (1923–1924)：1, 27, 29. 关于战后的哀伤氛围以及尝试树立适用于共和国的纪念碑，见 Antoine Prost, "Monuments to the Dead," in *Realms of Memory: Rethinking the French Past*, vol. 2：*Traditions*, ed. Pierre Nora, English-language edition ed. Lawrence D. Kritzman, trans. Arthur Goldhammer (New York：Columbia University Press, 1997), 307–330。

12. Marcel Mauss, *The Gift: The Form and Reason for Exchange in Archaic Societies*, trans. W. D. Halls, fwd. Mary Douglas (New York：Norton,

1990), 1 - 2; Maurice Cahen, *Études sur le vocabulaire religieux du vieux-scandinave: La libation* (Paris: Champion, 1921).

13. Mauss, *The Gift*, 5, 85 n. 6, 109 n. 123; Georges Davy, *La Foi jurée: Étude sociologique du problème du contrat - La formation du lien contractual* (Paris: Alcan, 1922), 39, 37. "Prestation（给付）", Davy 在这里所说的礼物的同义语，也是莫斯词汇当中的关键术语，难以译成英文，需要多个词才能表达它的完整涵义。它指称的范围包括国家权利到性行为的一系列。人们读《论礼物》时，会发现这是则特具吸引力的术语，正是因为它关联到莫斯重视的福利国家的讨论，然而它保留了一些富有情感的涵义。

14. *IMEC*, Fonds Marcel Mauss, cote: MAS 118, Marcel Mauss to Sir James and Lady Frazer, Paris, 5 December 1922; 关于 Frazer 夫妇造访巴黎，见 *IMEC*, Fonds Marcel Mauss, cote: MAS 120, Marcel Mauss to Seligman, Paris, May 1923。Marcel Mauss, "Une forme ancienne de contrat chez les Thraces," *Revue des Études Grecques*, 34 (1921): 388 - 397, esp. 390.

15. See James Frazer, *The Golden Bough*, 3rd ed. (London: Macmillan, 1911). Mauss 只有一次提到了《金枝》, *The Gift*, 94, n. 57; 另外，从 Frazer 的导论过渡到 Malinowski 的 *Argonauts of the Western Pacific* 时，莫斯只提及了两份参考文献。Mauss, *The Gift*, 155 n. 16 and n. 20.

16. Mauss, *The Gift*, 19 - 20. 两则引文见第 19 页，第一则中 Radcliffe-Brown 写道，礼物的目的在于"提升目前考察的两个人的友好感情。"第二则中他这样写道："每个人，不管男人还是女人，试图在慷慨上胜过对方。"莫斯没有评论 Radcliffe-Brown 的著作，但他确实在评论后者的一篇文章，其中有批评，也有赞美。Mauss, Review of A. R. Brown, "The Methods of Ethnology and Social Anthropology" [*South African Journal of Science*, 20 (1923)], *L'Année Sociologique*, n. s. 1 (1923 - 1924): 286 - 287.

17. 互惠性（reciprocity）是 G. Simmel 论述中的一个基本范畴，因为它是形成社会结构的同义语。不过他通常将社会结构考虑为个人自由可能性的条件。Simmel 运用民族志的证据，是要强调原始人的原始性和现代社会的优越性。他虽然巧妙又独到地分析现代性，但与进化社会理论家对土著共同体的评估没有什么差别。见 Georg Simmel, "Dankbarkeit. Ein soziologischer Versuch" (1907), in *Georg Simmel. Schriften zur Soziologie*, ed. Heinz-Jürgen Dahme and Otthein Rammstedt (Frankfurt: Suhrkamp, 1983), 210 - 218; and Simmel, *The Philosophy of Money*, trans. Tom Bottomore and David Frisby (1907; London: Routledge and Kegan Paul, 1978), 82, 370 - 371。

18.《论礼物》发表以来，就莫斯对毛利人的"豪"（hau）观念的解释，几乎一直存在争议。如 Lygia Sigaud 近来指出的那样，这种争论完全夸大了这个概念在莫斯论述中的重要性。讨论和批评见 Sigaud, "The Vicissitudes of The Gift," *Social Anthropology* 10/3 (2002): 335 - 358。Mauss 对波利尼西亚的描述赢得了 Annette Weiner 的赞赏，后者将注意力转向萨摩亚人的精美缠饰（mats）——一个对礼物从性别上分析的关键概念，见她的 *Inalienable Possessions: The Paradox of Keeping-While-Giving* (Berkeley: University of California Press, 1992), 49。

19. Mauss, *The Gift*, 8 - 14.

20. Ibid., 105 n. 63. 莫斯对马林诺夫斯基的个人看法，见 *IMEC*, Fonds Marcel Mauss, cote: MAS 120, Mauss to C. G. Seligman, 22 February 1937, 6 December 1937, 16 April 1940, ("Malinowski est décidément un malin, pourvu d'un piètre courage"); *IMEC*, Fonds Marcel Mauss, cote: MAS 120, Mauss to Arthur Radcliffe - Brown, 2 January 1935。

21. Mauss, *The Gift*, 20 - 31, esp. 22.

22. Mauss, *The Gift*, 33 - 43. Cf. Mauss, "L'oeuvre de Mauss par lui-même," 216.

23. Mauss, *The Gift*, 35 - 38.

24. Ibid., 46. Mauss 在 1931 至 1932 年为他的班级写的报告 "De l'emploi de la notion de primitif en Sociologie et en Histoire Générale de la Civilisation ［论社会学和文明通史中对原始人概念的表述］", 表明他教导道：澳大利亚人是唯一当之无愧被称为原始人的一群人。"Tout le reste de l'humanité, dite primitive, qui vit encore, mérite plutôt le nom d'archaïque." *IMEC*,

196

Fonds Marcel Mauss, cote: MAS 34.10, Rapport sur les Cours de M. Mauss, 1931 - 1932.

25. Mauss, *The Gift*, 47, 78 - 83.

26. 莫斯对法律史家和德国语言学家、文学家的影响，见 Eliana Magnani, "Les médiévistes et le don, Avant et après la théorie maussienne," in *Revue du M. A. U. S. S. permanente*, 15 décembre 2007 [http: // www. journaldumauss. net/spip. php?article 229, 访问日期: 2010 年 7 月 8 日]; and Beate Wagner-Hasel, "Egoistic Exchange and Altruistic Gift: On the Roots of Marcel Mauss' Theory of the Gift, " in Gadi Algazi, Valentin Groebner and Bernhard Jussen, eds. , *Negotiating the Gift: Pre-Modern Figurations of Exchange* (Göttingen: Vandenhoeck und Ruprecht, 2003), 141 - 171。

27. Richard M. Meyer, "Zur Geschichte des Schenkens," *Zeitschrift für Kulturgeschichte* 5 (1898): 18 - 29; Jacob Grimm, "Über Schenken und Geben. Gelesen in der Akademie der Wissenschaften am 26. October 1848," in Grimm, *Kleinere Schriften*, vol. *2: Abhandlungen zur Mythologie und Sittenkunde*, ed. Karl Müllenhof and Eduard Ippel (Berlin: Dümmler, 1865 - 1890), 174, 210. Mauss 称赞 Richard Meyer 的论文，说它是"我们所知民俗著作中最吸引人的一部"，见 *The Gift*, 60; 他还在引介 Grimm 的论述，见 151 n. 109。

28. 例如，见莫斯引用的一本民俗教材，即 Elard Hugo Meyer, *Deutsche Volkskunde* (Strasbourg: Trübner, 1898)，为民粹主义者扭曲寻找民族起源提供了帮助。作者写道，谈论 Volk (民族) 的 Volkskunde (民俗) 是一门新课题，许多受过教育的人都对之感兴趣，他们试图在一个民主的时代里联系到普罗大众 (iii)。参见 Mauss, *The Gift*, 61 and 151 n. 111。

29. 莫斯在一份谈他自己 1927 年以来教学实践的报告中表明，他教授的一系列课程都是关于日耳曼民族和文明的早期形成过程，他强调它们极其晚以及其混合性的特征。他极力反对那种浪漫化也是后来种族化的假设，即人们生物学或文化上能够找到一个统一的民族，同时从这种统一的核心追溯它的扩散。*IMEC*, Fonds Marcel Mauss, cote: MAS 34. 9: Marcel Mauss 的实践报告，标明的日期是 1927 年 7 月 12 日。

30. Editor's introduction, Marcel Mauss, *Écrits Politiques*, ed. Marcel Fournier (Paris: Fayard, 1997), 35 - 36; Fournier, *Marcel Mauss*, 204 - 209. 以下段落极大地受惠于 Fournier 对莫斯的政论文的描述。

31. Mauss, "Pour les bolchevistes (1921)," in Mauss, *Écrits Politiques*, 405.

32. Mauss, "Observations sur la violence. III. La violence bolchevik. Bilan de la terreur. Son échec (1923)," in Mauss, *Écrits Politiques*, 520 - 521; "Observations sur la violence. IV. La violence bolchevik. La lutte contre les classes actives (1923)," in Mauss, *Écrits Politiques*, 522, 525; Mauss, "Observations sur la violence. Contre la violence. Pour la force (1923)," in Mauss, *Écrits Politiques*, 527 - 531.

33. Mauss, "Appréciation sociologique du bolchevisme," 537 - 566, (1924), in Mauss, *Écrits Politiques*, 537 - 566, 引文见第 543 页; 参见 Mauss, "Socialisme et bolchevisme (1925)" 699 - 721, in *Écrits Politiques*, 尤其是第 721 页。

34. Mauss, *The Gift*, 69.

35. Ibid., 81.

36. Mauss, *The Gift*, 83. 论文最后的打印稿同样证明了他想着重强调 "政治" (politics) 一词, 他将之大写, 且加了下划线。参见 *IMEC*, Fonds Marcel Mauss, cote: MAS 25.11, Essai sur le don. Formes et raisons de l'échange dans les sociétés archaïques. [IV. Conclusion]。

37. 关于 Mill 及其圈子将苏格拉底当成模范这一点, 见 John Stuart Mill, *Autobiography*, ed. Jack Stillinger (Boston: Houghton Mifflin, 1969), 14 - 15, 29, 30, 69。

38. Mauss, *The Gift*, 82 - 83.

结语

1. 近期对当代社会礼物的研究范例, 见前述, pp. 172 - 173, n. 4. 美国大众文化抓住了神秘时刻不断介入的礼物力量，例如《教父 I》的开场部分，一个执事者靠近"教父"唐·柯里昂（Don Corleone），求他帮个忙，宣称他未来某一天会像以前那样回报"教父"（早就有人告知谦卑的恳求者需要这么做）。那些想了解今日上层社会持有礼物状况的人，可参见 Robin Pogrebin, "Trustees Find Cultural Board Seats Are Still Highly Coveted Luxury Items," *The New York Times*, April 3, 2010。作者极其成功地抓住了一些机构与俱乐部成员在交流上的细微差别，例如某些慈善家（捐赠的数量猛增到数百万）坚称他们捐赠并非为了身份地位，同时还比较了求爱俱乐部成员和约会博弈。

参 考 文 献

以下参考文献分为两部分。第一部分列出了本文所提到的那些未刊的图书资源和档案材料。第二部分选了一些著作和文章，包括原始文献和二手材料；它基本定位于那些想进一步了解本书所提及主题的一般读者、学生和研究者。完整的文献征引，请参见注释。

未公开的档案和图书资源

Staatliche Museen zu Berlin – *Preussischer Kulturbesitz*，*Ethnologisches Museum*
（SMB-PK，EM）

1. 档案

SMB-PK, EM. Pars I B. 19ᵃ. Acta betreffend die Erforschung des Kaiserin-Augusta-Flusses in Deutsch-Neu-Guinea. Bd. 1. Vom 8. April 1910 bis 31. Dezember 1912.

SMB-PK, EM. Pars I B. 19ᵃ. Acta betreffend die Erforschung des Kaiserin-Augusta-Flusses in Deutsch-Neu-Guinea. Bd. 3. Vom 15. September 1913 bis Ende März 1915.

SMB-PK, EM. Pars I B. 21ᵃ. Acta betreffend Erwerbung von Versammlungen aus der Stiftung des Professors Dr. Baessler. Bd. 2. Vom 1. April 1907 bis 30. Juni 1908.

2. 南太平洋和澳大利亚系列 (Sammlung Südsee und Australien)

SMB-PK, EM. Richard Thurnwald, Tagebuch von der 2. Expedition im Auftrag des ehem. Reichs-Kolonialamtes und des Berlin Museums für Völkerkunde,

1913 - 1915.

200 ***Institut Mémoires de l'édition contemporaine (IMEC)*. Fonds Marcel Mauss**

Correspondance de M. Mauss à James Frazer, 5 décembre 1922 (IMEC, Fonds Marcel Mauss, cote: MAS 18).

Correspondance de M. Mauss à Alfred Radcliffe-Brown, 2 janvier 1935 (IMEC, Fonds Marcel Mauss, cote: MAS 20).

Correspondance de Mauss à Mademoiselle-Rosenfels, 2 janvier 1935 (IMEC, Fonds Marcel Mauss, cote: MAS 20).

Correspondance de M. Mauss à C. G. Seligman, Mai 1923, 6 décembre 1937, 16 avril 1940 (IMEC, Fonds Marcel Mauss, cote: MAS 20).

Essai sur le don. Formes et raisons de l'échange dans les sociétés archaïques. [IV. Conclusion] (IMEC, Fonds Marcel Mauss, cote: MAS 25. 11).

Rapport sur les cours de Marcel Mauss au Collège de France, 12 juillet 1927 (IMEC, Fonds Marcel Mauss, cote: MAS 34. 9).

Rapports sur les cours de Marcel Mauss au Collège de France, 1931 - 1932 (IMEC, Fonds Marcel Mauss, cote: MAS 34. 10).

***Unversitätsbibliothek Leipzig*. Sondersammlungen.**

Nachlass 181, Karl Bücher.

Richard Thurnwald to Karl Bücher, Letter of 21 January 1889.

***University of Rochester Library*. Department of Rare Books, Special Collections and Preservation.**

Ely S. Parker to Lewis H. Morgan. Letter of 13 February 1847.

出版物和网络资源

Gadi Algazi, Valentin Groebner and Bernhard Jussen, eds. *Negotiating the*

Gift: *Pre-Modern Figurations of Exchange*. Göttingen: Vandenhoeck und Ruprecht, 2003.

Bataille, Georges. *The Accursed Share: An Essay on General Economy*, *vol. 1: Consumption*. New York: Zone Books, 1988.

Ben-Amos, Ilana Krausman. *The Culture of Giving*: *Informal Support and Gift-Exchange in Early Modern England*. Cambridge: Cambridge University Press, 2008.

Berthoud, Gérald. "Un précurseur de Mauss. Felix Somlò et la question du don." *Social Anthropology* 7/2 (1999): 189–202.

Boas, Franz. *The Social Organization and the Secret Societies of the Kwakiutl* 201 *Indians*, based on personal observations and on notes made by Mr. George Hunt, in *Annual Report of the Board of Regents of the Smithsonian Institution: Report of the U. S. National Museum*: 311–738. Washington, D. C.: Government Printing Office, 1897.

Bourdieu, Pierre. *The Logic of Practice*, trans. Richard Nice. Stanford, Ca.: Stanford University Press, 1990.

Bücher, Karl. *Die Entstehung der Volkswirtschaft: Vorträge und Versuche*, 2nd. ed. Tübingen: Laupp'sche Buchhandlung, 1898.

Burke, Edmund. *The Writings and Speeches of Edmund Burke*, ed. Paul Langford. 9 vols. Oxford: Clarendon Press, 1981.

Caplow, Theodore. "Rule Enforcement Without Visible Means: Christmas Gift Giving in Middletown," *American Journal of Sociology* 89/6 (1984): 1306–1323.

Cohn, Bernard S. "Representing Authority in Victorian India," in Hobsbawm and Ranger, *The Invention of Tradition*, 165–209.

Cole, Douglas. *Franz Boas: The Early Years (1858–1906)*. Seattle: University of Washington Press, 1999.

Davis, Natalie Zemon. *The Gift in Sixteenth–Century France*. Madison: University of Wisconsin Press, 2000.

Derrida, Jacques. *Given Time: I. Counterfeit Money*, trans. Peggy Kamuf.

Chicago: University of Chicago Press, 1992.

Duby, Georges. *The Early Growth of the European Economy: Warriors and Peasants from the Seventh to the Twelfth Century*, trans. Howard B. Clarke, fwd. Charles Wilson. Ithaca, N. Y. : Cornell University Press, 1974.

Durkheim, Émile. *Lettres à Marcel Mauss*, ed. Philippe Besnard and Marcel Fournier, with the assistance of Christine Delangle, Marie-France Essyad and Annie Morelle. Paris: Presses Universitaires de France, 1998.

Engels, Friedrich. *The Origin of the Family, Private Property and the State*, introd. Michèle Barrett. London: Penguin, 1986.

Ferguson, Adam. *An Essay on the History of Civil Society*, ed. Fania Oz-Salzberger. Cambridge: Cambridge University Press, 1995.

Finley, M. I. *The World of Odysseus*, newly rev. ed. New York: Viking, 1978.

Fournier, Marcel. *Marcel Mauss: A Biography*. Princeton, N. J. : Princeton University Press, 2006.

Giuliani, Luca. *Ein Geschenk für den Kaiser. Das Geheimnis des Grossen Kameo*. Munich: Beck, 2010.

Goldsmith, M. M. "Mandeville and the Spirit of Capitalism," *The Journal of British Studies*, 17/1 (1977): 63 – 81.

Gugler, Josef. "Bibliographie de Marcel Mauss." *L'Homme* 4/1 (1964): 105 – 112.

Harkin, Maureen. "Adam Smith's Missing History: Primitives, Progress, and Problems of Genre." *ELH (English Literary History)*, 72/2 (2005): 429 – 451.

Hobbes, Thomas. *Leviathan*, ed. Richard Tuck. Cambridge: Cambridge University Press, 1996.

Hobsbawm, Eric, and Ranger, Terence, eds. *The Invention of Tradition*. Cambridge: Cambridge University Press, 1983.

Hollier, Denis, ed. *Collège de Sociologie* (1937 – 1939). Paris: Gallimard, 1979.

Hundert, E. G. *The Enlightenment's Fable: Bernard Mandeville and the*

Discovery of Society. Cambridge: Cambridge University Press, 1994.

James, Wendy, and Allen, N. J., eds. *Marcel Mauss: A Centenary Tribute*. New York: Berghahn Books, 1998.

Jonaitis, Aldona, ed. *Chiefly Feasts: The Enduring Kwakiutl Potlatch*. Seattle: University of Washington Press, 1991.

Kan, Sergei. *Symbolic Immortality: The Tlingit Potlatch of the Nineteenth Century*. Washington, D. C.: Smithsonian Institution Press, 1989.

Karsenti, Bruno. *L'homme total: Sociologie, anthropologie et philosophie chez Marcel Mauss*. Paris: Presses Universitaires de France, 1997.

Komter, Aafke E. *Social Solidarity and the Gift*. Cambridge: Cambridge University Press, 2005.

Kuehling, Susanne. *Dobu: Ethics of Exchange on a Massim Island, Papua New Guinea*. Honolulu: University of Hawai'i Press, 2005.

Lévi-Strauss, Claude. *The Elementary Structures of Kinship*, ed. Rodney Needham, trans. James Harle Bell, John Richard von Sturmer and Rodney Needham. London: Eyre and Spottiswoode, 1969.

"Introduction à l'oeuvre de Marcel Mauss," in Marcel Mauss, *Sociologie et anthropologie*, ix - lii.

Liebersohn, Harry. *The Travelers' World: Europe to the Pacific*. Cambridge, Mass.: Harvard University Press, 2006.

List, Friedrich. *Werke. Schriften, Reden, Briefe*, ed. Erwin v. Beckerath, Karl Goeser, Friedrich Lenz, William Notz, Edgar Salin, and Artur Summer. 10 vols. Berlin: Hobbing, 1927 - 1936.

Malinowski, Bronislaw. *Argonauts of the Western Pacific: An Account of Native Enterprise and Adventure in the Archipelagoes of Melanesian New Guinea*, pref. James G. Fraser. Prospect Heights, Ill.: Waveland Press, 1984.

A Diary in the Strict Sense of the Term, pref. Valetta Malinowska, introd. Raymond Firth, trans. Norbert Guterman. New York: Harcourt, Brace and World, 1967.

203

The Early Writings of Bronislaw Malinowski, ed. Robert J. Thornton and Peter Skalník, trans. Ludwik Krzyzanowski. Cambridge: Cambridge University Press, 1993.

Mandeville, Bernard. *The Fable of the Bees: or, Private Vices, Publick Benefits*, ed. F. B. Kay, 2 vols. Oxford: Clarendon Press, 1924.

Marshall, P. J. *The Impeachment of Warren Hastings*. Oxford: Oxford University Press, 1965.

Marx, Karl. *Karl Marx über Formen vorkapitalistischer Produktion. Vergleichende Studien zur Geschichte des Grundeigentums 1879 - 1880*, ed. Hans-Peter Harstick. Frankfurt: Campus Verlag, 1977.

Mauss, Marcel. *Écrits Politiques*, ed. Marcel Fournier. Paris: Fayard, 1997.

The Gift: The Form and Reason for Exchange in Archaic Societies, trans. W. D. Halls, fwd. Mary Douglas. New York: Norton, 1990.

"L'oeuvre de Mauss par lui-même" (1930), in Philippe Besnard, ed., "Les Durkheimiens," *Revue française de sociologie* 20/1 (1979): 209 - 220.

Oeuvres, 3 vols., ed. Victor Karady. Paris: Éditions de Minuit, 1968 - 1969.

Sociologie et anthropologie, 6th ed. Paris: Quadrige/Presses Universitaire de France, 1950.

Melk-Koch, Marion. *Auf der Suche nach der menschlichen Gesellschaft. Richard Thurnwald*. Berlin: Museum für Völkerkunde Berlin, 1989.

Morgan, Lewis Henry. *Ancient Society: Or, Researches in the Lines of Human Progress from Savagery through Barbarism to Civilization*, ed. and introd. Eleanor Burke Leacock. Cleveland: World Publishing Co., 1963.

Morgan, Lewis H. *League of the Ho-déno-sau-nee or Iroquois*, new edition, ed. Herbert M. Lloyd. 2 vols. New York: Dodd, Mead and Co., 1901.

Systems of Consanguinity and Affinity of the Human Family. Washington, D. C.: Smithsonian Institute, 1871. Reprint: Oosterhout, Netherlands: Anthropological Publications, 1970. [Photomechanical reprint of the 1871 edition.]

Muchielli, Laurent. *La découverte du social: Naissance de la sociologie en France*

(1870 - 1914). Paris: La Découverte, 1998.

Osteen, Mark, ed. *The Question of the Gift: Essays Across Disciplines*. London: Routledge, 2002.

Oz-Salzberger, Fania. *Translating the Enlightenment: Scottish Civic Discourse in Eighteenth-Century Germany*. Oxford: Clarendon Press, 1995.

Resek, Carl. *Lewis Henry Morgan: American Scholar*. Chicago: University of Chicago Press, 1960.

Sigaud, Lygia. "The Vicissitudes of the Gift," *Social Anthropology* 10/3 (2002): 335 - 358.

Stocking, George W., Jr., ed. *History of Anthropology*, vol. 2: *Functionalism Historicized: Essays on British Social Anthropology*. Madison: University of Wisconsin Press, 1984.

Victorian Anthropology. New York: Free Press, 1987.

Stokes, Eric. *The English Utilitarians and India*. Oxford: Clarendon Press, 1959.

Strathern, Marilyn. *The Gender of the Gift: Problems with Women and Problems with Society in Melanesia*. Berkeley: University of California Press, 1988.

Tarot, Laurent. *De Durkheim à Marcel Mauss: l'invention du symbolique*. *Sociologie et Science des Religions*, pref. Alain Caillé. Paris: La Découverte, 1999.

Thomas, Nicholas. *Entangled Objects: Exchange, Material Culture, and Colonialism in the Pacific*. Cambridge, Mass.: Harvard University Press, 1991.

Thurnwald, Richard. *Bánaro Society: Social Organization and Kinship System of a Tribe in the Interior of New Guinea*. *Memoirs of the American Anthropological Association*, 3/4 (1916).

Die Gemeinde der Bánaro. Ehe, Verwandtschaft und Gesellschaftsbau eines Stammes im Innern von Neu-Guinea, Aus den Ergebnissen einer Forschungsreise 1913 - 15. Ein Beitrag zur Entstehungsgeschichte von Familie und Staat. Stuttgart: Ferdinand Enke, 1921.

204

Trautmann, Thomas R. *Lewis Henry Morgan and the Invention of Kinship*. Berkeley: University of California Press, 1987.

Tooker, Elisabeth. "Lewis H. Morgan and His Contemporaries," *American Anthropologist*, new series, 94/2 (1992): 357–375.

"The Structure of the Iroquois League: Lewis H. Morgan's Research and Observations," *Ethnohistory*, 30/3 (1983): 141–154.

Weiner, Annette B. *Inalienable Possessions: The Paradox of Keeping-While-Giving*. Berkeley: University of California Press, 1992.

Whelan, Frederick G. *Edmund Burke and India: Political Morality and Empire*. Pittsburgh, Pa.: University of Pittsburgh Press, 1996.

Young, Michael W. *Malinowski: Odyssey of an Anthropologist*, *1884–1920*. New Haven, Conn.: Yale University Press, 2004.

索　引

H

译　后　记

马塞尔·莫斯的《论礼物》对后来其他学者关于礼物、交换的论述产生了深刻影响。莫斯认为，表面上看礼物是无偿的，不受义务约束，实际上涉及多重义务。在莫斯看来，礼物互惠促进了赠与人和受赠人之间的关系，因此为社会和谐奠定了基础。莫斯的论述其实是在批判当代资本主义和工业化时代的市场价值，同时哀叹"经济人"（homo economicus）的诸多价值观遮蔽了互惠伦理中的"一些传统原则"。

李伯森从莫斯的论述出发，描述了 17 世纪中叶至 20 世纪早期这一段时期里，欧洲公众生活中思考礼物之地位的发展历程。作者告诉我们，礼物赠与在大革命之前的欧洲社会起着关键的作用，它不仅强化了私人关系，而且在公众生活中将个人与社群联系起来。作者论及与此相关的一些自由主义者、社会主义者，给读者呈现了一部跨时代、跨地区、跨学科的思想史。

就本主题而言，还有一些作者未提及的思想家，他们也同样值得关注。例如，第三章指出，私有制是人类历史上重要的转变时刻。卢梭在《论人类不平等的起源》第二部分开篇就私有制问题，陈述了一种悲观主义的看法，认为私有观念是一切罪恶的根源。当然，持类似看法的，还包括百科全书派的狄德罗，他在《百科全书》"奢侈"等词条中的陈述就是例证。往前追溯，宜关注洛克。洛克在《政府论》中就提到友情，认为它无可避免地会导致判断的不公和党派争斗。洛克的这种论调其实也是在强调人类活动遵循私利的原则。洛克的重要性还体现在马克思的唯物主义发展史上。马克思在 25 岁那年，即 1843 年 10 月到达巴黎，一直到 1845 年 2 月才被迫离开。马克思在巴黎待的时间虽然不长，但法国对他产生了"最具决定性的影响"，促进了他的"思想转型"（以赛亚·伯林语）。在此期间他阅读了洛克、卢梭和蒲鲁东等人的作品，批判性地思考了古典经济理论，促使他走向唯物主义。洛克、卢梭的作品以及马克思对这些作品的阅读，也与李伯森要讲述的论题相契。

当然，如果我们承认社会学、人类学（宗教领域除外）中礼物的基本要素是分享（participation）、互惠（reciprocity）和形成亲密关系（bonding），那么可以认为当代网络社会仍然流行"礼物"。信息社会中的交流尤其适用"礼物经济"，因为信息可以毫不费力地得到复制、传播。海德（Lewis Hyde）受莫斯的影响，认为艺术品是礼物而不是商品，同时强调礼物的流通、互惠和象征价值。我们可以追随海德，认为所有的观念、艺术品都是礼物，它们来自神圣的个体。因此，莫斯之后的礼物问题值得进一步讨论。这样说，其实也是在问：我们阅读了此类著作（包括本书）之后，该如何"回礼"？

感谢陈恒先生给予充分的信任，他的关心和支持使这部译稿得以面世。翻译过程中，一些师长和朋友读过部分译稿。乐启良博士尤其关注本翻译的进程，还阅读了前两章的内容。谢红月校阅了译稿，避免了初译时的一些误解。商务印书馆（上海）有限公司钱厚生编审高效地编校了译稿，让译者避免了一些不必要的错误。最后，特别感谢李伯森先生就翻译中的一些疑难问题作出解答，并为中文版写序。要明确的是，本着文责自负的原则，一切不足之处均由译者承担。恳请方家和读者批评。

译 者

2012 年 7 月 24 日于厦门

图书在版编目(CIP)数据

礼物的回归：全球观念下的欧洲史/(美)李伯森著；赖国栋译. —北京：商务印书馆,2013
ISBN 978 - 7 - 100 - 09803 - 8

Ⅰ.①礼… Ⅱ.①李… ②赖… Ⅲ.①礼品－风俗习惯史－研究－欧洲－17世纪~20世纪 Ⅳ.①K895

中国版本图书馆CIP数据核字(2013)第027236号

礼物的回归：全球观念下的欧洲史

〔美〕哈里·李伯森 著

赖国栋 译 谢红月 校

商 务 印 书 馆 出 版
(北京王府井大街36号 邮政编码100710)
商 务 印 书 馆 发 行
山东临沂新华印刷物流集团
有 限 责 任 公 司 印 刷
ISBN 978 - 7 - 100 - 09803 - 8

2014年1月第1版　　　　　开本 640×960　1/16
2014年1月第1次印刷　　　　印张 13.5
定价：25.00元